LES PHILOSOPHES

Le Positivisme

PAUL DELAPLANE
ÉDITEUR

Le Positivisme

LES PHILOSOPHES

(Cette collection a été honorée d'une souscription du Ministère de l'Instruction publique.)

Viennent de paraître :

Socrate, par P. LANDORMY, ancien élève de l'École normale supérieure, agrégé de philosophie, professeur au lycée de Bar-le-Duc. 1 vol. in-18 raisin, 2ᵉ édition, broché.. » 90

Platon, par M. RENAULT, ancien élève de l'École normale supérieure, agrégé de philosophie, professeur au lycée de Cherbourg. 1 vol. in-18 raisin, 2ᵉ édition, broché... » 90

Spinoza, par E. CHARTIER, ancien élève de l'École normale supérieure, agrégé de philosophie, professeur au lycée Condorcet. 1 vol. in-18 raisin, 2ᵉ édition, broché.. » 90

Descartes, par P. LANDORMY. 1 vol. in-18 raisin, br. » 90

Épicure, par M. RENAULT. 1 volume.

Le Positivisme, par G. CANTECOR, agrégé de philosophie, professeur au lycée de Reims. 1 volume.

En préparation :

Aristote, par E. CHARTIER. 1 volume.

Les Stoïciens. par M. RENAULT. 1 volume.

Kant, par G. CANTECOR. 1 volume.

Hume, par É. HALÉVY, ancien élève de l'École normale supérieure, agrégé de philosophie, docteur ès lettres, professeur à l'École libre des sciences politiques. 1 volume.

Pour paraître successivement :

LEIBNIZ. — FICHTE.

471-01. — CORBEIL. Imprimerie ED. CRÉTÉ.

LES PHILOSOPHES

Le Positivisme

PAR

GEORGES CANTECOR

AGRÉGÉ DE PHILOSOPHIE
PROFESSEUR AU LYCÉE DE REINS

PARIS
LIBRAIRIE PAUL DELAPLANE
48, RUE MONSIEUR-LE-PRINCE, 48

Ces brèves études sur les philosophes de tous les temps sont écrites pour le grand public. Elles s'adressent, aussi bien qu'à la jeunesse des écoles, aux gens du monde curieux de l'histoire des idées. La pure érudition en est absolument bannie. L'interprétation des doctrines ne s'y trouve justifiée que par des renvois aux textes indiqués à la fin de chaque volume. Un mémento bibliographique signale d'ailleurs les principaux travaux de la critique. On a voulu surtout mettre en valeur dans chaque système ce qui en demeure vivant, ce qui en doit durer, ce qui peut orienter toute pensée en travail.

LE POSITIVISME

INTRODUCTION

I

LE POSITIVISME ET LE COMTISME.

On peut, sous le nom de positivisme, entendre deux choses assez différentes. Ce nom désigne d'abord la doctrine personnelle d'Auguste Comte ; mais il évoque aussi l'idée d'une manière de penser très générale, dont le comtisme n'est lui-même qu'une forme ou une expression, et qui le déborde en tous sens. Pris en cette dernière acception, le nom de positivisme indique à la fois une disposition intérieure de l'esprit, une méthode de recherche scientifique et une certaine conception de la synthèse philosophique. Comme disposition d'esprit, le positivisme consiste en une aversion prononcée pour toute spéculation qui dépasse l'expérience, en un goût exclusif du réel, du solide et de l'utile, joint à cette conviction que les seuls objets de l'observation, et particulièrement de l'observation sensible, méritent ces qualifications. Cet esprit conduit, dans l'ordre des sciences, à ramener toute question à une question de fait, à purifier de toute signification métaphysique les concepts régulateurs du savoir, et à éliminer définitivement du domaine des recherches permises tous les problèmes qui ne comportent qu'une solution transcendante ou qui requièrent l'emploi d'une méthode *à priori*. Le positivisme n'exclut pas pour cela la philosophie, si l'on désigne de ce nom une vue d'ensemble de la nature et de l'homme ; mais il lui assigne pour matière exclusive le contenu de l'expérience et, pour seule fin, la détermination des lois les plus générales de l'apparence. — Ainsi entendu, le positivisme date de très loin ; il se présente sous toutes sortes de formes et s'affirme en tous genres de travaux. C'est pourquoi aussi il est impossible d'en séparer l'histoire de l'histoire générale de l'esprit moderne. Il faudrait, pour en décrire les progrès, suivre en détail l'évolution de toutes les sciences les unes après les autres : ce serait une tâche infinie. Mais il est une doctrine où cet esprit s'affirme avec plus de précision et où il s'exprime avec une pleine conscience de lui-même : c'est la philosophie de A. Comte. Le positivisme ne s'y définit pas seulement avec netteté, il s'y justifie et s'y achève en pénétrant de son esprit, après la science et la philosophie, la pratique elle-même en ses formes les plus générales, — la morale et la politique. On ne peut donc comprendre le positivisme avec ses caractères, ses prétentions et la justification dont il est susceptible ; on ne peut surtout le juger, qu'à la condition de l'envisager d'abord dans le système où il s'exprime avec toute sa force, c'est-à-dire dans la doctrine de A. Comte. Cette doctrine sera l'unique objet de cette étude.

II

LA VIE DE A. COMTE.

La connaissance de la vie de A. Comte n'est pas indispensable, quoi qu'on en ait dit parfois, à l'intelligence de son œuvre. Aussi nous contenterons-nous d'en rappeler ici, pour n'y plus revenir, les dates essentielles. — Né à Montpellier, le 19 janvier 1798, admis à quinze ans à l'École polytechnique, où il n'entra, à cause de son âge, qu'un an plus tard, il en sortit bientôt, l'école ayant été licenciée pour une révolte à laquelle il avait pris lui-même une part très active. Vivant à Paris de quelques leçons de mathématiques, il fit, vers 1817, la connaissance de Saint-Simon et s'éprit aussitôt de ce génie déréglé et incohérent, toujours en travail de quelque invention et découvrant tous les ans quelque nouveau moyen de réorganiser la société. A. Comte devint son élève, se parant, à l'occasion, de ce titre et collaborant à ses publications, jusqu'au jour (1825) où, pour des raisons mal connues, de caractère et de doctrine, il se sépara de lui et s'institua réformateur à son tour. — En possession, dès ce moment, de ses idées directrices, exposées en un certain nombre d'opuscules qu'il devait réimprimer plus tard à la suite de son *Système de politique*, connu déjà et apprécié de quelques hommes distingués, il se résolut (avril 1826) à exposer son système de philosophie en un cours ouvert dans son appartement du faubourg Montmartre. Ce cours fut interrompu après la troisième leçon. A. Comte avait été pris d'une crise de folie. Néanmoins, il put reprendre, en 1828, ses travaux et son cours, qu'il exposa par deux fois, d'abord en janvier 1829 dans son nouvel appartement de la rue Saint-Jacques, puis en décembre 1829 à l'Athénée. C'est ce cours qui, précisé et quelque peu développé en ce qui concerne la philosophie sociale, fut publié par Comte en six volumes, de 1830 à 1842. Dans l'intervalle de cette publication, Comte, qui vivait de ses leçons, avait été nommé répétiteur (1832), puis examinateur (1837) à l'École polytechnique. Mais son caractère difficile, ses idées, bonnes ou mauvaises, sur l'enseignement des mathématiques, ses critiques sans modération de quelques mathématiciens ou astronomes illustres, son orgueil et ses prétentions de réformateur, lui aliénèrent les sympathies de son milieu et lui firent perdre coup sur coup (en 1844 et 1852) les deux fonctions qui le faisaient vivre. C'est alors (à dater de 1844) que A. Comte, de plus en plus pénétré de l'utilité sociale et de la grandeur morale de sa mission réformatrice, sur le point d'ailleurs de transformer sa philosophie en une religion dont il devait être le grand prêtre, s'avisa qu'il avait le droit d'être mis, par tous ceux qui donnaient leur adhésion à ses idées, en état de continuer son œuvre, sans en être détourné par les soucis de la vie matérielle. On peut lire dans Littré la curieuse histoire du subside (environ 7000 francs) fourni au maître par ses disciples durant le reste de sa vie. — C'est après l'achèvement du *Cours de philosophie positive* et au milieu de ses embarras d'argent que se place l'événement le plus important, eu égard à ses conséquences intellectuelles et morales, de la vie de A. Comte : sa passion pour Clotilde de Vaux (1845-1846). Peu gâté sous le rapport de l'affection, séparé depuis 1842 d'une femme qu'il avait bien inconsidérément épousée en 1825, il s'abandonna de toute son âme à une passion que la prompte mort de Clotilde devait maintenir platonique et qui ne fit que s'exalter dans les méditations solitaires de Comte et par l'effet du culte quotidien, fait de prières et de méditations, qu'il rendit à la mémoire de son amie jusqu'à la fin de ses jours. C'est sous cette influence, dont la véritable mesure est très diversement appréciée, qu'il écrivit le second de ses grands ouvrages, le *Système de politique positive* (1851-1854). Il méditait de le faire suivre de toute une série d'écrits complémentaires, dont il n'avait fait paraître que le premier, — *Synthèse subjective ou Traité de logique positive*, — quand la mort le surprit en 1857. Son testament donna lieu, entre Mme Comte et les exécuteurs testamentaires, à un procès quasi-scandaleux dont la mémoire du philosophe et l'honneur de sa veuve eurent également à souffrir. — Au demeurant, homme d'énergique labeur et de vaste science, esprit puissant sinon fécond, mais orgueilleux, entêté et de bonne heure maniaque, A. Comte a mis dans ses écrits tout ce qu'il y avait en lui d'intéressant et d'utile,

1.

et c'est là, mais là seulement, qu'il est bon de connaître et qu'on peut l'admirer ou l'aimer.

III

CARACTÈRE GÉNÉRAL DE SON OEUVRE.

Cette œuvre est d'ailleurs assez confuse, et les intentions ou l'économie ne s'en laissent pas toujours pénétrer aisément. Elle ne se compose pas, en effet, d'une suite de traités consacrés à des questions distinctes et complémentaires, dont l'ensemble constituerait donc un unique système. C'est, à la forme et au développement près, le même fond d'idées que l'on retrouve dans les opuscules de la jeunesse de Comte, dans le *Cours de philosophie positive* ou même dans le *Système de politique :* l'ordre, l'esprit et l'intention varient seuls d'un ouvrage à l'autre. C'est que, à dire le vrai, Comte ne procède pas en philosophe, mais en pédagogue : il ne se pose aucune question ; il n'est en peine d'aucune vérité. Persuadé, dès les premiers jours, qu'il était en possession des vérités essentielles, il ne s'est jamais préoccupé que de les appliquer aux besoins intellectuels, moraux et politiques de son temps. Seulement, selon les idées assez différentes qu'il s'est faites tour à tour des besoins de son siècle et des conditions de sa propre action, il a présenté ses doctrines sous une autre forme. Il les donne tour à tour comme un achèvement de la science, comme les bases ou les

cadres d'une philosophie, comme les éléments
d'une religion. Il s'élance sans cesse à quelque
nouvelle entreprise, dans le cercle de laquelle il
rappelle et ramène toujours les mêmes vues.
Ainsi le système de Comte se fait, se défait et se
refait d'époque en époque. Cette histoire de son
œuvre, qui est aussi celle de son esprit, nous
devrons la retracer d'abord, ne fût-ce que pour
être en état de comprendre quelle sorte de philosophie nous y pouvons trouver. Nous nous aper-
cevrons alors que, préoccupé d'appliquer ses idées,
et plus encore d'en louer à satiété l'utilité et
l'opportunité, A. Comte oublie le plus souvent de
les exposer et surtout de les démontrer. Il y a
dans son œuvre tous les éléments d'une philosophie
vraie ou fausse, mais enfin suffisamment ample et
riche. Seulement, elle y est éparse et diffuse, à
l'état d'indication ou de projet. C'est une chose
admirable qu'il n'est jamais question, dans les
écrits de Comte, que de ce que le positivisme fera
ou permettra de faire : comment, par exemple, il
réorganisera, en les pénétrant d'un nouvel esprit,
la science, la morale, la philosophie. Toute l'œuvre
de Comte n'est, en quelque façon, qu'un vaste
programme. Mais, comme elle ne nous intéresse
évidemment que par les idées positives qui s'y
trouvent postulées, soit comme les principes, soit
comme les résultats déjà prévus et assurés de cette
nouvelle organisation de la pensée et de la vie,
nous aurons donc à dégager des programmes de
Comte les idées maîtresses qui auraient pu,
assemblées en système — (et d'abord établies par
les procédés ordinaires de la discussion philoso-

phique) — constituer une véritable philosophie
positive. Ce qui n'est qu'épars dans l'œuvre de
Comte, il faudra le rassembler; ce qui est sous-
entendu, et c'est le cas des thèses essentielles, il
faudra l'expliciter. — Ainsi, l'œuvre de Comte comporte, ou même requiert, deux expositions successives, dont l'une, s'attachant aux intentions de
l'auteur et à la forme du système, explique ce
que A. Comte s'est proposé de faire, tandis que
l'autre, dégageant le contenu effectif de ses écrits,
vise plutôt à mettre en lumière ce qu'il a fait.

LA GENÈSE ET L'ÉCONOMIE
DE L'ŒUVRE

I

L'INTENTION ET LES PREMIÈRES DONNÉES
DE L'ŒUVRE.

Deux tendances fondamentales, ou deux besoins, semblent avoir inspiré et dirigé l'œuvre de A. Comte : le goût de la systématisation scientifique et une vive préoccupation des choses politiques. *Nourri aux sciences* de très bonne heure, A. Comte, dès son séjour à l'École polytechnique, s'étonnait, comme autrefois Descartes au collège de La Flèche, que, sur les fondements et à l'exemple des sciences mathématiques ou physiques, on n'eût pas encore entrepris d'amener à l'état de science véritable les spéculations d'un ordre plus complexe, telles que la biologie ou la théorie de la vie sociale. Et déjà il envisageait cette extension de l'esprit et de la méthode scientifiques comme la fin de son activité intellectuelle et comme l'objet de son œuvre future. Mais, d'autre part, animé de l'esprit de son temps, il rêvait, comme tant d'autres autour de lui, de réorganisation sociale. C'est ce qui le fit, dès sa sortie de l'École polytechnique, se prendre pour les idées et la personne de Saint-Simon d'un si

vif et si court enthousiasme. Mais il suffit de cette
fréquentation de quelques années pour que, dans
l'esprit de Comte, la préoccupation politique prit
définitivement le pas sur les besoins purement
intellectuels. Réorganiser la société, ou du moins
déterminer les conditions d'une telle action, voilà
quel sera son but constant. Seulement, et c'est ce
qui explique à la fois l'opposition de son œuvre avec
celle de son maître et les vastes recherches pré-
paratoires où il s'attardera, il apporte à cette entreprise politique des dispositions de philosophe et
de savant qui faisaient un peu trop défaut à Saint-
Simon et à ses autres disciples. C'est l'originalité
de Comte d'avoir voulu constituer une politique
scientifique.

Toutes ses recherches en ce sens se fondent sur
trois principes ou idées directrices, qui contiennent
en germe toute son œuvre.

Tout d'abord, c'est une conviction essentielle
chez Comte que toute pratique raisonnée et efficace
suppose la science de son objet. D'où il suit que la
politique, comme art, suppose, déjà élaborée, une
science de la vie sociale et de ses lois. Or, sur
cette science sociale, sur la politique qu'elle permet,
sur les services qu'elle peut rendre, Comte, dès
ses premiers écrits, a des idées très arrêtées. Il
est persuadé que l'ensemble du développement
social est réglé par une loi unique, qui en détermine
une fois pour toutes les phases successives et
nécessaires. Il croit donc que la carrière de l'humanité est toute tracée et que ce qui dépend de nous,
c'est simplement de prévoir les formes imminentes
de la vie sociale et de nous y préparer pour en

rendre l'avènement moins pénible. La science politique n'a donc pas pour fonction, comme on l'a cru trop longtemps, de tracer un plan idéal de réforme sociale, d'élaborer une constitution modèle et de chercher les moyens de la faire passer dans la réalité. Elle doit se borner à discerner, à la lumière de l'histoire, l'organisation qui est en voie de s'établir spontanément, pour nous permettre, en nous y prêtant, d'en faciliter le succès.

C'est maintenant un autre principe de Comte qu'une société n'est stable et forte que si elle est moralement une. Ce qui ne se peut qu'à deux conditions : la constitution d'une doctrine, ou système de croyances, qui soit homogène et commune, en ses principes fondamentaux, à tous les citoyens ; et, d'autre part, l'institution d'un pouvoir spirituel, — Église ou Académie, — dont ce soit la fonction d'édifier la doctrine, de la répandre et d'en assurer l'empire. Si donc il est vrai que la société actuelle souffre d'une complète anarchie morale et s'il est urgent de songer à la réorganiser, il faut donc commencer par constituer une doctrine nouvelle et par fonder un nouveau pouvoir spirituel.

A première vue, ces deux principes ne semblent pas s'accorder parfaitement. Selon le premier, le politique doit se mettre d'abord en quête d'une philosophie de l'histoire qui lui permette de prévoir les institutions de demain. Mais il résulte du second que la tâche urgente, c'est la constitution d'un système de croyances dont l'adoption susciterait naturellement les institutions salutaires. Dans le premier cas, c'est à l'histoire ; dans le

second, c'est à la philosophie qu'il faudra demander la solution du problème politique. Il est vrai
que, tout aussitôt, un troisième principe vient systématiser les deux autres en subordonnant la seconde à la première thèse. Ce principe est la célèbre *loi des trois états*. Énonçant les phases nécessaires du développement de l'esprit humain, elle
nous enseigne quelle philosophie est aujourd'hui
possible. De là l'importance de cette loi fondamentale de la sociologie. Formulée pour la première fois dans l'opuscule capital de 1822 : *Plan
des travaux nécessaires pour réorganiser la société*, expliquée avec plus de développement dans
la première leçon du Cours, démontrée et longuement appliquée à l'interprétation de l'histoire
dans le quatrième et cinquième volume du même
ouvrage, cette loi est considérée par A. Comte
comme la vérité capitale qui inspire et justifie son
système.

L'esprit humain, dans son développement, est
assujetti à passer par trois états : il emploie successivement, pour comprendre les choses et s'en
rendre maître, trois méthodes bien différentes : la
méthode théologique, la méthode métaphysique, la
méthode positive. Il cherche d'abord la raison des
phénomènes ou des choses en des volontés analogues à la sienne, et il peuple ainsi la nature de
dieux ; puis il remplace les dieux par des forces ou
qualités mystérieuses, par des vertus, dormitives
ou autres, dont la présence supposée dans les
objets lui paraît en devoir expliquer les propriétés;
après quoi, reconnaissant combien de telles inventions sont gratuites et inutiles, il s'attache aux faits

eux-mêmes, pour en déterminer avec précision les caractères et les lois, c'est-à-dire les relations observables. « Dans nos explications positives, même les plus parfaites, nous n'avons nullement la prétention d'exposer les causes génératrices des phénomènes, parce que nous ne ferions jamais alors que reculer la difficulté ; mais seulement d'analyser avec exactitude les circonstances de leur production et de les rattacher les unes aux autres par des lois normales de succession et de simili- tude. » Telle est la méthode positive caractérisée « par une tendance constante à écarter comme nécessairement vaine toute recherche quelconque des causes proprement dites, premières ou finales ». — Il importe peu d'entrer dans le détail de cette histoire du développement de l'esprit humain et de distinguer avec Comte les diverses étapes de la théologie passant du fétichisme au polythéisme pour finir au monothéisme, ou de considérer les conditions d'avènement et le rôle de la méthode métaphysique ou de l'esprit positif. Remarquons simplement en passant l'étendue de cette loi, qui régit à la fois le développement intel- lectuel de l'humanité, l'évolution de chaque esprit individuel et le progrès de chaque ordre de connais- sances. Remarquons surtout que cette succession d'attitudes mentales ou de méthodes intellectuelles rend nécessaire la formation successive de trois sortes de philosophie ou de vues d'ensemble de la réalité. La première, ou philosophie théologique, est le point de départ nécessaire de l'intelligence humaine ; la troisième, ou philosophie positive, sera sa doctrine fixe et définitive ; la seconde, ou

philosophie métaphysique, est uniquement destinée
à servir de transition. C'est à l'histoire de nous
apprendre où nous en sommes aujourd'hui. Or ce
qu'elle nous montre, c'est l'évanouissement spontané des conceptions théologiques et métaphysiques
et le progrès de l'esprit positif s'emparant peu à
peu de tous les domaines de la pensée et de l'action.
Elle explique l'anarchie morale de notre temps par
la décomposition des croyances théologiques ou
métaphysiques. C'est pourquoi aussi elle annonce,
en l'indiquant comme la condition nécessaire de
la réorganisation sociale, et en nous invitant du
même coup à y travailler, l'avènement d'une
philosophie positive, c'est-à-dire d'un système de
conceptions purement expérimentales, n'affirmant
rien sur l'au-delà des faits, dédaignant les causes
mystérieuses et fondant notre action individuelle
et sociale sur les seules lois vérifiées du monde
observable.

Ainsi se trouvent déterminés par l'histoire les
conditions et l'esprit de l'œuvre de réorganisation
intellectuelle et morale dont la réflexion spéculative montre seulement la nécessité. C'est à la
science à fonder la philosophie ; c'est aux savants
qu'il appartient de constituer le nouveau pouvoir
spirituel. Telle est la pensée dominante de Comte
et la pierre angulaire de son système. Il s'est
donné lui-même pour tâche de constituer la philosophie positive dont notre temps a besoin et d'y
appuyer une politique scientifique et efficace. Mais
la vérité est qu'il n'a pas eu tout de suite une idée
bien précise, ni surtout bien ferme, de ce que doit
être cette philosophie. Toute sa vie s'est passée à

la chercher, et il n'a pu faire autre chose qu'en tracer les linéaments. Dans cette recherche de l'objet, de la fonction et du contenu de la véritable philosophie, on pourrait distinguer trois moments correspondant aux trois œuvres capitales de Comte, à savoir l'ensemble des premiers opuscules politiques, le *Cours de philosophie positive* et le *Système de politique*. C'est dans les premiers écrits de Comte qu'apparaît et s'affirme l'idée qu'une philosophie est nécessaire et qu'elle doit être positive; mais il la conçoit d'abord comme une simple organisation et réglementation du travail scientifique, comme une philosophie des sciences : c'est ainsi qu'il l'expose dans le *Cours de philosophie positive* ; ce n'est qu'en préparant le *Système de politique* qu'il s'est enfin élevé à une conception ample et suffisamment précise de la philosophie, envisagée cette fois comme l'organisation systématique de toutes les fonctions de la vie morale. Ce progrès définit à la fois le développement de la pensée de Comte et l'enchaînement de ses écrits.

II

LES OPUSCULES POLITIQUES DE COMTE : PASSAGE DE LA PHYSIQUE SOCIALE A LA PHILOSOPHIE.

Dans ses tout premiers écrits (1819-1822), A. Comte ne paraît pas encore soupçonner que la réorganisation sociale exige la constitution d'une philosophie. Pénétré de cette idée que les institutions politiques ne se décrètent pas, mais s'établissent d'elles-mêmes, pressé d'ailleurs de prévoir, d'après l'histoire, l'ordre social de demain, afin de déterminer les mesures propres à en faciliter l'avènement, la tâche urgente entre toutes lui semble l'élaboration d'une physique sociale. Voici, en effet, comment, dans l'opuscule capital de 1822, — *Plan des travaux*, etc., — il trace le programme des recherches que requiert une réforme politique sérieuse. — Il faudrait étudier d'abord scientifiquement le développement de la pensée et de la société humaines, afin d'arriver à déterminer avec certitude le but dernier de l'activité sociale, ainsi que les étapes successives par lesquelles l'humanité s'y achemine. Comte est persuadé, pour le dire en passant, que la vie sociale a pour fin l'exploitation de la nature par les efforts combinés des hommes. — Il faudrait ensuite en déduire les sentiments et les idées qu'il serait bon d'inculquer aux individus, dans une société qui commence, comme la nôtre, à trouver sa voie, pour les rendre capables de collaborer sans tâtonnements ni efforts inutiles à leur fin commune. — Enfin il faudrait en venir à découvrir les moyens politiques ou industriels de cette action collective des hommes sur la nature, telle qu'elle peut s'exercer à ce moment de l'évolution historique et dans l'état actuel de nos connaissances. — En résumé, théorie de la société, théorie de l'éducation, théorie de l'organisation industrielle et politique, voilà les trois tâches qui s'imposent aux savants modernes, s'ils veulent se rendre utiles à l'humanité, au lieu de consumer leur temps et de dissiper leur talent en des spéculations oiseuses.

On voit qu'il n'est pas encore question de constituer une philosophie. Peut-être est-elle implicitement comprise dans la théorie de l'éducation. En tout cas, l'idée en reste au second plan, et l'institution en paraît renvoyée à plus tard. C'est uniquement des conditions de la science sociale que s'occupe A. Comte dans l'opuscule de 1822. Pourtant l'idée de philosophie ne va pas tarder à émerger, et tout aussitôt elle prendra la première place dans les préoccupations de Comte. Comme il est moins homme d'action que théoricien, et plus apte à systématiser des idées qu'à intervenir dans les faits, il va multiplier les préparations théoriques : ce sera la science à achever, puis la philosophie à construire, puis une religion à fonder, avant d'en venir à la politique, jusqu'à ce que, sentant probablement le besoin d'en finir, philosophie, religion, politique, il constitue tout cela d'un seul coup, et assez confusément, dans son *Système de politique positive*.

En tout cas, dès 1825, dans ses *Considérations sur les sciences et les savants*, il remarque que l'élaboration d'une physique sociale permettrait de fonder une philosophie positive. Une philosophie, en effet, ne peut être positive que si elle se compose uniquement de conceptions scientifiques. Elle ne peut donc s'établir, — une philosophie étant, par définition, une vue d'ensemble de la réalité, — que si les phénomènes de tout ordre sont devenus des objets de véritable science. Il ne manque plus aujourd'hui, pour que cette condition soit réalisée, que de rendre positives les conceptions sociales.

Cela fait, une systématisation générale du savoir sera possible, qui, étant une vue d'ensemble, sera une philosophie, et qui, étant fondée uniquement sur l'élaboration scientifique des faits, sera donc aussi positive. C'est alors que A. Comte s'avise que cette philosophie ne sera pas moins utile à la réorganisation sociale que la prévision sociologique des institutions de demain. Elle est même la condition de cette prévision. Car il ne s'agit pas, évidemment, de créer de toutes pièces une philosophie factice, mais de dégager, d'exprimer, d'achever celle qui se réalise d'elle-même dans le développement de l'esprit moderne et qui est contenue implicitement dans la suite des sciences se constituant spontanément l'une après l'autre. Si maintenant on remarque que, dans l'évolution sociale, ce sont les croyances qui déterminent les institutions, on comprendra que le sociologue ne puisse jamais prévoir les institutions à venir qu'en observant ou en prolongeant les croyances en formation, de même que le politique ne peut favoriser l'avènement des nouvelles formes sociales qu'en aidant premièrement au développement et à la systématisation des idées nouvelles. La conséquence de tout cela, c'est que la physique sociale est surtout intéressante en tant qu'elle permet et prépare une philosophie positive, dont il est urgent de poser les principes. On retrouve les mêmes vues, encore plus précises et plus énergiquement affirmées, dans les *Considérations sur le pouvoir spirituel* (1826), où Comte fait délibérément de la fonction philosophique, remise aux sociologues, la fonction régulatrice de la vie sociale. C'est ainsi que, dans l'élaboration successive de ses premiers écrits, A. Comte prend conscience de ses principes et se définit à lui-même sa propre tâche : il constituera la philosophie positive.

III

LE « COURS DE PHILOSOPHIE POSITIVE » : ESQUISSE D'UNE PREMIÈRE PHILOSOPHIE DE LA SCIENCE.

Cette philosophie, c'est dans le *Cours*, ainsi que l'indique le titre de l'ouvrage, que A. Comte s'est proposé de l'élaborer et de l'exposer. Il explique, dans sa première leçon, que son travail a un double objet. Le but spécial et premier, c'est la constitution d'une physique sociale. Le but général, c'est l'organisation d'une philosophie positive. De ces deux objets, c'est le dernier qui lui semble le plus important. On le voit bien à ce qu'il dit de l'intérêt et de l'opportunité de son travail. Certes l'institution d'une physique sociale lui tient au cœur : c'est sa contribution personnelle au progrès des sciences. Mais enfin c'est de la philosophie positive qu'il fait surtout l'éloge et dont il démontre la nécessité, soit pour fonder une théorie scientifique des lois de l'esprit humain, insaisissables à une logique abstraite, soit pour ordonner méthodiquement l'enseignement des sciences, soit pour tracer aux savants le plan de leurs recherches, soit enfin pour préparer, en réalisant l'unité et l'homogénéité des intelligences, la concordance des volontés, et substituer ainsi, dans nos sociétés, l'ordre à l'anarchie. Tels seront, en effet, les bons offices de la philosophie que Comte va exposer.

On pressent, à cet éloge, que la philosophie dont il parle ne sera pas précisément celle que semblent requérir les besoins de la société contemporaine. Il va nous donner une philosophie des sciences. Or, ce qu'il faudrait pour mettre fin à l'anarchie morale, c'est une philosophie au sens traditionnel du mot, c'est-à-dire un ensemble de vues générales sur le monde et sur l'homme. Les croyances qui sont appelées à rallier les esprits et à imprimer aux volontés cette impulsion concordante qui renouvellera la société, ce ne sont pas des notions plus justes sur les relations des mathématiques et de la physique, mais des convictions mieux fondées sur ce que nous sommes ou sur ce que nous avons à faire. Il est peu vraisemblable que cette vérité ait tout à fait échappé à Comte. Seulement, il paraît croire que cette conception systématique de la réalité, envisagée en ses principes les plus élevés, se constituerait d'elle-même et rallierait tous les esprits, si, d'une part, toutes les sciences étaient définitivement organisées, qui doivent en fournir les matériaux, et si, d'autre part, toutes les intelligences étaient pénétrées de l'esprit positif, principe unique d'une science solide et d'une philosophie efficace. Il faut donc penser avant tout à achever la science et, en l'achevant, à terminer aussi l'éducation de l'esprit moderne. Déterminer, par l'analyse des sciences les plus avancées, les conditions de la vraie science et les exigences d'une méthode vraiment positive ; d'après l'exemple de ces sciences et, par l'extension de urs méthodes, élever à l'état de recherches ntifiques les spéculations encore incertaines, es que les considérations sociologiques, où règnent l'esprit métaphysique et les conceptions abstraites d'ordre purement imaginatif; plus généralement encore, en exposant systématiquement les progrès de l'esprit positif et ses conquêtes successives, en étendre l'empire à un plus grand nombre d'intelligences, — voilà la tâche la plus urgente et qui ne consiste évidemment qu'en la constitution d'une philosophie des sciences. Tel est aussi l'objet que Comte s'est proposé dans son *Cours*. Il y passe en revue les sciences fondamentales dont il a préalablement déterminé l'ordre historique et logique, pour en définir l'objet, les divisions, les méthodes, en montrant comment elles s'enchaînent les unes aux autres et se constituent l'une après l'autre par l'imposition successive à tous les objets du savoir d'une même discipline.

Toutefois, cette philosophie des sciences, qui se trouve exposée avec tant d'ampleur dans les six volumes de son *Cours*, A. Comte, lorsqu'il en vient à conclure, ne la tient encore que pour provisoire ; ou plutôt, elle lui paraît ne constituer qu'une partie, la moins efficace, de la véritable philosophie du savoir. C'est un point qui vaut d'être éclairci. Dans la suite du *Cours*, Comte a simplement constaté et expliqué le développement de l'esprit scientifique et des sciences dans l'histoire ; en prolongeant ce développement dans son sens naturel et nécessaire, il a fondé lui-même la

dernière des grandes sciences, la sociologie ; mais,
en tout cela, la philosophie suit docilement la
science, dont elle se borne à enregistrer les progrès et dont elle met l'unité en lumière. Elle n'a
pas de principes qui lui soient propres ; elle ne
donne pas de règles de sa propre autorité ; elle
n'aspire pas à diriger ou à organiser : elle n'a rien
de ce qu'on appelait autrefois la logique ou de ce
qu'on nomme aujourd'hui la critique. Elle se
contente de constater et d'expliquer la science faite,
en dissipant çà et là, à la lumière du développement général de la science, les conclusions ou les
incertitudes de telles recherches spéciales. Mais
voici qu'en esquissant à grands traits la science
sociale, qui est aussi la science de l'intelligence
humaine, Comte pense y avoir découvert les principes, la fonction, les conditions de progrès de
la science et de l'esprit scientifique. Dès lors, il
devient possible de substituer au développement
spontané de la connaissance une organisation
réfléchie et systématique du travail scientifique.
C'est ce passage de la spontanéité à la systématisation qui, en tout ordre de développement, marque
l'apparition de la philosophie. Toutes les fonctions
et toutes les œuvres de la vie morale, science,
mœurs, organisation sociale, se produisent d'abord
spontanément ; mais un moment vient où l'esprit
prend conscience des raisons profondes de son
travail et s'applique à l'organiser avec réflexion,
d'après des principes théoriques. C'est ainsi que
cette première philosophie du savoir, qui est
exposée dans le *Cours* et qui se borne à comprendre
la science déjà faite, conduit à la découverte de

principes ou notions théoriques qui permettront à la raison réfléchie de diriger désormais les applications de l'esprit positif ou scientifique et de lui indiquer sa fonction utile et les limites de son action. Les sciences ne seront plus abandonnées à elles-mêmes ou aux caprices des savants, curieux de tant d'inutiles problèmes et préoccupés de leur gloire plus que de l'intérêt de l'humanité. L'âge de la spécialité dispersive prendra fin. Une sage intervention dirigera vers un but commun et utile les travaux les plus divers : on entrera ainsi dans la période de la généralité. Cette organisation sera l'office de la philosophie. Cela suppose un certain ensemble de vues générales inspirées de la sociologie et constituant une sorte de logique ou de critique dont la fonction sera double. Elle aura d'abord à déterminer les caractères et les conditions d'une pensée saine : elle élaborera la théorie de l'esprit positif et sera ainsi, en quelque façon, l'équivalent de l'ancienne logique formelle ou théorie de la pensée correcte. Cette sorte de logique abstraite, Comte l'esquisse dans la cinquante-huitième leçon du *Cours :* c'est là, selon sa propre expression, son « Discours de la Méthode ». La critique aura encore pour fonction d'expliquer les conditions d'application de l'esprit positif aux diverses sciences dont elle déterminera donc l'ordre et le contenu légitimes. Ceci serait un équivalent approximatif de ce qu'on nomme la logique appliquée ou théorie des sciences et de leurs méthodes : Comte en indique le principe, — subordination de toutes les sciences à la sociologie, — et en trace le programme dans la cinquante-neuvième leçon. Mais

ce ne sont là que des aperçus, et cette systématisation du savoir, qui serait l'œuvre philosophique
souhaitée, Comte l'annonce et la promet; mais il
ne l'accomplit pas. C'est donc une philosophie
incomplète de la science que nous trouvons dans
le *Cours*. Des deux objets que Comte s'était pro-
posés, en l'écrivant, il n'en a réalisé qu'un seul; il
a fondé la sociologie. En cela, il a achevé l'œuvre
scientifique des temps modernes. Ce que Galilée
avait fait pour la physique, Newton pour l'astronomie et Lavoisier pour la chimie, Comte l'a fait
à son tour pour la sociologie. Son œuvre clôt une
ère, celle de la science, désormais constituée définitivement en ses cadres et en ses principes; mais
elle inaugure du même coup une ère nouvelle,
celle de la philosophie, dont la sociologie donne
les principes. C'est à la constitution de cette philosophie qu'il convie tous les esprits qui, à son
exemple, et en suivant ses leçons, se seront élevés
à l'état positif. « Par cette universelle élaboration,
mon intelligence, aussi complètement dégagée de
toute métaphysique que de toute théologie, se
trouve donc parvenue enfin à l'état pleinement
positif où elle tente d'attirer tous les penseurs
énergiques pour y constituer en commun la systématisation finale de la raison moderne. » Mais cette
systématisation de la raison allait être elle-même
renvoyée à bien plus tard, Comte ayant découvert
qu'elle n'est pas toute la philosophie nécessaire,
ou même qu'elle suppose pour s'établir une
spéculation plus générale, une philosophie proprement dite.

IV

LE « SYSTÈME DE POLITIQUE » : ÉLABORATION DÉFINITIVE DE L'IDÉE DE PHILOSOPHIE.

C'est dans l'intervalle du *Cours* au *Système* que Comte s'est élevé à l'idée la plus nette et la plus large de la nature et de la fonction de la philosophie. C'est aussi l'époque où il est en possession de la plénitude de son génie, et nous ne savons rien dans son œuvre, qui, par l'ampleur des vues et la solidité de la systématisation, surpasse ou même égale le *Discours sur l'ensemble du positivisme*, écrit en 1848 et destiné à servir d'introduction au *Système de politique*. C'est là qu'il faut envisager le positivisme, si l'on est moins curieux d'en connaître le développement et les incertitudes que les caractères constitutifs et la destination idéale.

Il semble qu'une fois le *Cours* achevé, Comte, affranchi pour un temps des préoccupations exclusives de philosophie scientifique où tend toujours à le ramener sa culture professionnelle, se soit longuement recueilli et qu'il ait envisagé à nouveau, avec une entière liberté d'esprit, les conditions préalables de toute sérieuse réorganisation sociale. Il lui paraît toujours que la condition essentielle serait la constitution d'une philosophie; mais c'est seulement maintenant qu'il en voit bien l'étendue, les caractères et la condition fondamentale. Il la définit en une formule très simple, mais très com-

2.

préhensive. « La vraie philosophie, dit-il, se propose de systématiser autant que possible toute l'existence humaine, individuelle et surtout collective, contemplée à la fois dans les trois ordres de phénomènes qui la caractérisent, pensées, sentiments et actions. » Il suffit de réfléchir un peu à cette définition pour comprendre le vrai caractère du positivisme et le sens dans lequel il va, en cette troisième période de la vie de Comte, se développer et, en apparence, se métamorphoser.

Systématiser l'existence spéculative, c'est sans doute déterminer les conditions de la pensée saine et énoncer les règles directrices de toute recherche scientifique aussi bien que de toute organisation du savoir acquis. C'est constituer une logique ou une philosophie des sciences qui puissent diriger désormais tout usage des facultés intellectuelles. Comte, qui s'était proposé de l'élaborer dans le *Cours*, n'est arrivé, nous l'avons vu, qu'à en préciser les conditions et à en tracer le programme. Elle lui semblait alors la tâche essentielle ; mais elle n'apparaît ici que comme une partie d'une œuvre plus vaste, dont les autres, dont une autre tout au moins n'est pas moins pressante. Il faut, en effet, systématiser les sentiments. Or qu'entendre par là, sinon l'établissement d'une règle pratique qui détermine l'ordre de prépondérance des sentiments ou des tendances et qui définisse ce qu'il faut aimer avant tout et se proposer pour fin ? Mais cela, c'est la morale, qui, si elle ne peut s'établir sans que la philosophie des sciences soit au moins ébauchée, précède nécessairement la politique ou la systématisation de l'action et réagit, pour l'achever, sur la

philosophie qui l'a rendue possible. Ainsi la philosophie que requiert la réorganisation sociale comprend, pour employer les termes traditionnels,
une logique, une morale, une politique. — Or ce
ne sont pas là des sciences, mais des arts, des
systèmes de règles. Et la philosophie, dès lors, apparaît, non comme une enquête, une recherche,
ayant pour but la vérité ou un certain ordre de
vérités, mais comme une *technique*, appliquant à
une fin pratique des connaissances supposées
données et qu'il s'agit seulement de transformer en
règles d'action. C'est une œuvre en quelque façon
pédagogique, qui porte non sur les choses, mais
sur l'homme à qui il s'agit d'imposer, à la lumière
du savoir acquis, une discipline avant tout intérieure. C'est donc une œuvre de réforme intellectuelle et morale que Comte s'est proposé d'ac-
complir. On ne peut la comprendre qu'à la
condition d'en remarquer l'intention toute pratique;
mais on ne la comprendrait pourtant qu'à moitié
si l'on ne voyait que cette œuvre toute pratique
tend à susciter, pour s'y appuyer, une spéculation
théorique, un système philosophique.

Il suffit, pour cela, d'observer que la technique
suppose la science. Il faut des connaissances théoriques qui servent de base aux diverses règles de
l'action. L'organisation systématique du travail
scientifique suppose certaines données relatives à
la nature et à la fonction de la science ou aux lois
du développement de l'esprit humain. La morale
requiert un certain ensemble de vues sur l'homme
et l'humanité. Il en faut dire autant de la politique.
Ainsi l'œuvre éminemment pratique que poursuit

le positivisme suppose un certain nombre de conceptions préalables sur l'homme et la société, sur les lois de la connaissance et les fins de l'action. Mais tout cela, pris ensemble, constitue tout au moins la matière de ce qu'on nomme proprement une philosophie. Il faut donc que dans le positivisme s'établisse, en outre des trois disciplines où il semble que la philosophie doive se borner, une spéculation d'un autre ordre, portant sur la réalité, pour la connaître, et non sur l'homme, pour le régler. Où se trouve, dans l'œuvre de Comte, cette philosophie du réel et quelle place ou quelle fonction lui assigne-t-il? C'est de la solution de cette question que dépend l'intelligence du comtisme.

Les éléments ou les rudiments de cette philosophie nécessaire, Comte les postule, pour la plupart, dès le début de sa carrière philosophique, et ils se trouvent déjà plus ou moins expressément affirmés dans ses opuscules politiques. Comte n'avait pas cru d'abord qu'il fût nécessaire de les justifier ou d'en faire l'objet d'une recherche spéciale. A titre de fondateur ou d'organisateur de la science sociale, il ajoute aux données des sciences déjà faites quelques conceptions nouvelles plus utiles encore pour l'œuvre qu'il se propose. Mais enfin, comme un ingénieur ne se croit pas tenu de refaire la mécanique ou la physique avant d'en appliquer les données, Comte ne se croit pas non plus obligé de redécouvrir les vues sur lesquelles il entend fonder la réorganisation de la vie morale. Il n'en est pas moins vrai que ces vues ne peuvent fonder une logique, une morale, une politique cohérentes, qu'autant qu'elles sont triées parmi tant d'autres connaissances inutiles à cet objet et organisées en système. Mais ceci encore n'est possible qu'à la condition que quelqu'une de ces vues se détache et domine, comme le centre par rapport auquel les autres s'ordonnent. Il faut, en un mot, que ces conceptions fondamentales soient rapportées à un principe dont elles expriment les aspects ou les conséquences et qui soit posé, dès lors, comme le principe suprême de la vie humaine, puisqu'il fonde les conceptions qui la doivent régler. C'est dire que la philosophie postulée d'abord implicitement par A. Comte ne peut remplir sa fonction qu'en s'explicitant, en se posant comme une spéculation originale et fondamentale. Voilà justement ce que Comte paraît avoir compris dans l'intervalle du *Cours* au *Système*, et pourquoi c'est l'objet spécial du second de ces ouvrages, que de déterminer un point de vue général ou un principe suprême par rapport auquel puissent s'ordonner les conceptions régulatrices de la pensée, du sentiment et de l'action.

C'est très logiquement que le comtisme s'achemine ainsi vers la constitution d'une philosophie spéculative. Ce qui peut sembler plus imprévu, sans être d'ailleurs inexplicable, c'est le choix du principe suprême et la forme qu'il va imposer à la philosophie. — Pour des raisons très personnelles, Comte s'est persuadé, à ce moment de sa carrière, que le sentiment est le facteur essentiel de la vie et que la tâche urgente entre toutes, c'est la constitution d'une discipline des sentiments ou d'une morale. Ce sont donc les exigences de la morale qui vont influer principalement, sinon exclusive-

ment, sur la détermination du principe philosophique. Toute discipline morale suppose la subordination de nos sentiments personnels à quelque
objet étranger et supérieur. Il nous faut un maître
à adorer et à servir. Or, de quelque façon que
nous arrivions à déterminer le principe pratique,
l'objet de la tendance régulatrice, il s'établira, une
fois connu, comme le principe suprême. C'est à la
morale, en effet, qu'il appartient d'ordonner l'action,
ou même de réordonner la pensée, dont les progrès l'ont préparée elle-même. Dès lors, le même
objet qui s'impose pour fin à la vie morale tend
à devenir le but de l'action et le principe régulateur de la pensée : il régit toute la vie. Or soumettre ainsi l'existence entière à un principe
unique, objet d'adoration, de devoir et de foi, c'est
constituer une religion. C'est bien, en effet, sous la
forme d'une religion, — où l'humanité remplace
Dieu, — que Comte construit la synthèse théorique
que réclamaient les intentions de son œuvre. —
Peut-être n'était-il pas nécessaire que cette philosophie affectât la forme d'une religion. Comte
pouvait très bien fonder sa triple discipline de la
vie sur une théorie générale de l'Humanité, —
envisagée dans sa nature, dans son développement, sa place dans le monde et son rapport aux
individus, — sans l'ériger en objet d'adoration
mystique et lui consacrer un culte. Mais enfin, si
la forme de cette philosophie est contingente et
toute personnelle, ce n'est pas une raison pour
la croire en contradiction avec les premières vues
de Comte. Religion et positivisme ne sont nullement incompatibles. Le positivisme n'exclut au-

cune fonction de la vie : il les réforme simplement
en les adaptant à ses exigences, qui sont celles
de la pensée humaine, à l'époque de l'histoire où
nous nous trouvons. Ce que proscrit l'esprit positif,
c'est, d'une part, la supposition de causes trans-
cendantes, comme étaient les dieux : il exclut la
théologie. Mais, s'il est quelque part une puissance
concrète, visible, accessible aux sens et à la pensée,
d'où notre vie et notre destinée dépendent, une
religion sera possible qui, nous soumettant à la
domination de cette puissance, mettra l'ordre et
la cohérence dans la vie individuelle ou sociale
et nous animera tous d'un même zèle profond.
Cette puissance, Comte croit la trouver dans
l'Humanité. Qu'il ait tort ou raison de l'ériger en
Dieu, toujours est-il que, prenant dans le domaine
de l'expérience l'objet de son adoration, il ne
manque pas à ses principes et que la religion qu'il
fonde est vraiment positive. Ce que l'esprit positif
exclut encore, c'est l'adhésion donnée sans preuves,
c'est la foi. Mais, si la fonction providentielle de
l'humanité peut être l'objet d'une démonstration,
— et c'est encore la prétention de Comte, — la
religion, fondée sur cette vérité, sera positive. Ce
sera la religion démontrée, succédant, dans l'ère
de la science, aux religions inspirées et aux religions révélées. De sorte que, si imprévue que
soit l'institution d'une religion par le fondateur du
positivisme, elle ne met pourtant dans son œuvre
aucune contradiction. Même, à ne la considérer
que dans sa forme générale et dans sa fonction,
on pourrait dire qu'elle répond exactement au
desideratum énoncé dans ses opuscules politiques.

V

L'ÉTAT MENTAL DE COMTE ET LES CARACTÈRES DE SON OEUVRE PHILOSOPHIQUE.

Pour n'être pas contradictoire, cette transformation de la philosophie en religion ne laisse pas de soulever bien des questions, qu'il convient au moins d'énoncer, sinon de discuter longuement. On pourrait d'abord se demander si, dans cette transformation, l'œuvre philosophique reste la même en son objet et ses divisions, le changement ne consistant que dans la subordination de la triple systématisation de la vie à un principe d'ordre religieux. S'il est vrai, d'autre part, que, sous le nom de religion, Comte ait bien réalisé son programme philosophique, il y aurait lieu d'examiner si l'esprit qui a présidé à l'exécution était bien le même qui avait dicté le plan primitif ou, en d'autres termes, si la contradiction, que nous n'avons pas constatée dans l'organisation générale de l'œuvre, ne se rencontrerait pas dans son contenu et ses détails. Pour la méthode, l'esprit, les préoccupations dominantes, reconnaît-on bien, dans le *Système de politique*, et surtout dans le dernier ouvrage de Comte, la *Synthèse subjective*, l'auteur du *Cours de philosophie positive*? Et si, pour la couleur et le ton, ses derniers écrits diffèrent profondément des premiers, si l'on y relève les traces de préoccupations médiocrement philosophiques ou l'emploi d'une méthode peu rationnelle, ne faudra-t-il pas, avec un certain nombre de commentateurs, y voir l'indice de quelque changement profond survenu dans le caractère de Comte, ou même d'une certaine altération de ses facultés intellectuelles ?

Le plan du *Système de politique* nous semble répondre avec une approximation suffisante au programme philosophique que Comte s'était tracé dans le Discours sur l'ensemble du positivisme. Sans doute, ce que nous trouvons dans le *Système de politique*, c'est avant tout une théorie de l'Humanité. Elle fait fonction de Dieu dans la religion de Comte ; c'est d'après elle et en son nom que doivent être systématisés la pensée, le sentiment et l'action : il est donc naturel qu'avant d'exécuter son programme Comte s'explique sur la nature de l'Humanité, les conditions normales de son existence et les exigences de son développement. De là le sous-titre de l'ouvrage : *Traité de sociologie instituant la religion de l'humanité*. Mais enfin, dans le quatrième volume, Comte nous expose sous le nom de *régime* les conditions de la réforme politique ; sous le nom de *culte*, l'ensemble des moyens extérieurs propres à produire la moralité ou à en favoriser le développement, et, sous le nom de *dogme*, les conditions et les règles de la réorganisation de la pensée d'où résultera l'établissement d'une doctrine morale. — Seulement, il faut noter ici ce trait remarquable que seuls le régime et le culte sont institués avec précision et définitivement. Quant au dogme, Comte indique simplement à grands traits les conditions de la

réorganisation intellectuelle et particulièrement
dans quel esprit toutes les sciences devraient être
reconstituées et quelles recherches comporterait
l'établissement d'une morale positive. Il laisse à
ses successeurs le soin de refondre les diverses
sciences, — dont la suite constituerait ce qu'il
nomme la Synthèse subjective, — et il se réserve
de construire la morale et d'y joindre une logique
où il exposera enfin, avec toute la précision dési-
rable, les lois de la pensée saine et de la science
utile. De sorte qu'en somme, si Comte a construit
enfin cette politique qui était le but suprême de
ses recherches, il lui reste à constituer avec précision la réorganisation intellectuelle et morale qu'il
avait considérée primitivement comme la condition
préalable de la réorganisation sociale, et dont il se
trouve avoir seulement déterminé le principe
suprême. Telle qu'elle se présente dans le *Système
de politique*, l'œuvre philosophique est donc
inachevée. Comte travaillait à la compléter lorsqu'il
publiait son dernier livre : *Système de Logique* ou
Traité de philosophie mathématique, formant le
tome premier de la *Synthèse subjective*.

C'est surtout ce dernier ouvrage qui a excité des
doutes sur l'intégrité des facultés de Comte à la
fin de sa carrière; il oblige, en tout cas, à se
demander si l'esprit qui l'anime est bien le même
qui avait inspiré à Comte le *Cours de philosophie
positive*. Sans doute, on a pu démontrer contre
Littré que, malgré ce que dit Comte de la méthode
subjective et de la subordination nécessaire de
l'esprit au cœur, il ne rompt pas avec ses principes. On a même pu soutenir, sans trop de para-

doxe, que la plupart des singularités que l'on regrette de trouver dans les derniers ouvrages de Comte étaient indiquées ou, par avance, justifiées dans ses premiers écrits. Nous ne pouvons que renvoyer, sur ce point, aux études si documentées et si pénétrantes de M. Dumas sur l'*État mental de A. Comte* (*Rev. phil.*, *1898*). Toutefois, on ne peut se dissimuler que le *Système de politique*, et surtout la *Synthèse subjective*, présentent des caractères qui, *au degré où ils sont ici portés*, accusent une déviation ou une altération attristantes des facultés morales de Comte.

Le moindre de ces traits nouveaux et fâcheux de sa pensée ou de son caractère, c'est une sentimentalité dont le *Cours* ne présente aucune trace et qui envahit de plus en plus ses derniers écrits. Nous avons dit et nous maintenons qu'en élevant l'Humanité à la fonction de principe suprême de la vie, Comte ne s'était nullement contredit. Mais le besoin qu'il éprouve de l'ériger en Dieu, de l'adorer, de lui consacrer un culte, d'instituer des prières et des effusions marque bien la révolution qui s'était produite dans son caractère à la suite de sa passion pour Clotilde de Vaux. La *religiosité* est le contre-coup, dans son œuvre, de son initiation tardive aux effusions de l'amour platonique. C'est de la même source que viennent ses idées sur la femme et l'adoration qui lui est due : on ne peut tenir évidemment pour philosophique l'institution des « anges gardiens » ou l'obligation imposée à chaque homme de subir une influence féminine, de se soumettre à la tutelle morale d'une femme en lui rendant une sorte de culte. Comment expliquer autrement le pathos religieux qui s'étale dans le *Système* et dans la *Synthèse*, où tout se fait noblement, saintement, dignement, où tout devient sacré, où toutes choses perdent leur nom profane? Que dire surtout des invocations à Clotilde de Vaux, *son éternelle collègue?* Il y a là bien évidemment une préoccupation obsédante et irrationnelle d'ordre amoureux et mystique dont la force envahissante marque bien le caractère pathologique.

De même il est difficile de ne pas voir quelque chose de morbide dans l'abus que fait Comte, en cette fin de sa carrière, des *fictions* et des *utopies*. Sans doute la méthode positive permet les hypothèses représentatives, à la condition qu'on en use avec discrétion et sans oublier que ce ne sont là que des procédés de figuration. Mais Comte, à mesure qu'il avance, multiplie à plaisir ces inventions factices, et, par la nature des conceptions qu'il imagine, aussi bien que par le rôle qu'il leur donne dans la vie morale, il tend à fausser complètement l'esprit et à ramener l'intelligence humaine à son enfance. Éprouvant le besoin de donner partout un rôle au sentiment et de trouver des objets de sympathie en tout ce qui est matière de pensée ou d'action, il se plaît à prêter une âme, volonté ou intelligence, aux choses matérielles ou même à des conceptions abstraites. Il ne se contente pas de faire de l'Humanité ou de la suite des hommes un être permanent et, en quelque façon, transcendant, il lui convient d'imaginer la terre bienveillante et l'espace favorable à l'homme; il anime les planètes et le soleil; il voit dans les objets mathématiques des figures de ces réalités sympa-

thiques : le calcul symbolise l'espace ; la géométrie
la terre et la mécanique l'Humanité ; il lui paraît
bon de concevoir une âme complaisante jusque
dans les courbes et les équations les plus commodes
à nos calculs et à nos constructions. Faut-il s'étonner après cela qu'il croie aux vertus des nombres
et à leur caractère sacré ? On a cru le justifier en
remarquant qu'il ne fait après tout que renouveler
les imaginations de Pythagore ou les croyances
fétichistes des premiers âges de l'Humanité. A la
bonne heure ! Mais quand le vieillard revient aux
façons de penser de l'enfant, on sait comment cela
se nomme, et il est difficile en effet de ne pas voir
en ces inventions l'effet d'un affaiblissement sé-
nile.

Sentimentalité, sénilité, tout cela rendu d'ailleurs
déplorablement efficace par l'isolement orgueilleux où vivait A. Comte, ne lisant plus depuis
l'âge de trente ans, n'acceptant plus la discussion,
ne jugeant plus de ses idées par les principes de
la raison commune, mais jugeant de la raison
commune et de ses œuvres d'après ses idées, —
voilà sous quelles influences de plus en plus pres-
santes Comte a écrit ses derniers ouvrages et
constitué sa philosophie définitive. De sorte qu'en
somme, après avoir passé sa vie à chercher ce que
doit être la philosophie nécessaire et sur quel principe elle doit se fonder, Comte, lorsqu'il en est
venu à l'exécution, ne s'est plus trouvé en état de
la construire d'une manière acceptable et durable.
Son œuvre, à la considérer en ses intentions systématiques, semble bien irrémédiablement manquée.
Mais les éléments ou les fragments de la philoso-

phie qu'il n'a pas construite sont dispersés dans ses ouvrages. Il vaut la peine de les recueillir, l'échec du système ne pouvant en rien préjuger de la valeur des idées qui y devaient prendre place.

———————

LES IDÉES MAITRESSES
DU SYSTÈME

I

L'ESPRIT POSITIF.

Une idée domine et inspire toute l'œuvre de Comte : c'est qu'il est une manière de penser, une façon d'envisager et de comprendre les choses et la vie qui tend, en vertu d'une loi historique, à s'imposer de nos jours à tous les esprits et à renouveler toutes les formes de la spéculation et de l'action. Ce mode de penser, c'est la méthode positive ou l'esprit positif, se substituant peu à peu à l'état métaphysique ou théologique de l'intelligence humaine. Comte s'est proposé d'indiquer à ses contemporains quelle réforme ou quelles innovations appelle dans la science, dans la philosophie, dans la pratique, l'avènement et le triomphe de l'esprit positif. C'est selon les exigences de cet esprit qu'il entreprend de définir et de réglementer toutes les fonctions de la vie morale. On ne saurait donc comprendre ses idées sur la science, la philosophie, la morale, etc... si l'on n'a d'abord bien compris ce qu'il entend par esprit positif, méthode positive, positivité. — Il est vrai qu'il n'est pas aisé de définir ces notions. Comme la plupart des idées de Comte, elles sont mobiles et changeantes. Le seul moyen d'en parler avec quelque précision, c'est d'en suivre le développement dans ses écrits.

En son principe, l'esprit positif, c'est l'esprit de la science, et Comte en emprunte la première notion à la tradition scientifique. Il y faut voir une disposition plus marquée chaque jour à limiter toute investigation scientifique au domaine des faits, en rejetant toute considération des causes, substances ou qualités non observables, par lesquelles on cherchait autrefois à les expliquer et en se bornant à en déterminer, d'après l'expérience, les caractères et les liaisons. En ce sens, l'esprit positif se définit, — ce sont les termes de Comte, — par la prédominance croissante de l'observation sur l'imagination. Il est impossible de nier que cet éloignement pour les entités et ce goût des faits et des lois expérimentalement vérifiées ne soient les caractères distinctifs de l'esprit et de la science modernes. Voilà d'abord ce que Comte constate, et cette disposition, qu'il va ériger en loi exclusive et nécessaire de la pensée humaine, il s'efforce en premier lieu de la préciser. Il tient surtout à ce qu'on ne la confonde pas avec l'empirisme, qui serait la réduction de la science à la seule compilation des faits. Les faits sont la matière, non l'objet, du vrai et utile savoir. Aussi éloigné de l'empirisme que du mysticisme, — « entre lesquels doivent cheminer les connaissances réelles, » — l'esprit positif s'applique à déterminer entre les faits, qui sont l'unique matière de son investigation, des lois ou liaisons constantes qui en rendent possible la prévision rationnelle. Car voilà le but de ses recherches : en se fondant sur l'expérience passée et à l'aide des liaisons nécessaires qu'elle révèle, anticiper l'expérience future. C'est pourquoi il vise à s'élever, en restant toujours dans l'ordre des faits observables et des lois vérifiables, à une généralité de plus en plus grande. « Il tend toujours à agrandir autant que possible le domaine rationnel aux dépens du domaine expérimental, en substituant de plus en plus la prévision des phénomènes à leur exploration immédiate : le progrès scientifique consiste principalement à diminuer graduellement le nombre des lois distinctes et indépendantes, en étendant sans cesse leurs liaisons. » Ces liaisons, de plus en plus abstraites et générales, tendent à devenir le véritable objet de l'investigation scientifique.

Ainsi défini, l'esprit positif, la méthode positive, identiques à l'esprit, à la méthode scientifiques, n'ont rien que de très légitime. Mais A. Comte s'écarte de la tradition scientifique et substitue à l'esprit de la science une conception tout à fait personnelle de la pensée saine, lorsqu'il donne l'esprit positif pour une méthode exclusive et universelle et qu'il tente non seulement de l'étendre à tous les genres de phénomènes, — aux faits sociaux, par exemple, — mais encore aux spéculations d'un autre ordre, comme la philosophie, la morale ou la religion. Il a fait plus d'ailleurs qu'abuser de la méthode scientifique, il en a altéré profondément la notion, en l'accommodant aux tendances de son esprit et aux exigences de son système. Toute façon de penser, toute direction d'esprit, toute méthode qui lui plaisent, à quelque

titre que ce soit, il les déclare positives, entendant
les faire bénéficier ainsi du crédit de l'esprit
scientifique, dont il transforme de plus en plus par
cela même la conception traditionnelle. Ainsi il
est persuadé que les seules connaissances qui
valent la peine d'être acquises sont celles qui
répondent à nos besoins pratiques. Ce sont donc
les seules qu'il consent à déclarer positives : il dira
donc aussi que l'esprit positif est le sens et le goût
de l'utile et de l'utilisable. Visant à la réorganisation sociale, il n'estimera que médiocrement
toute méthode ou toute idée qui ne sert qu'à réfuter
et à détruire : il n'appellera donc positives que les
seules connaissances qu'il reconnaît pour *organi-
ques*, et il dira que l'esprit positif est le sens des
nécessités sociales. Enfin convaincu, par ses théories personnelles sur la constitution physiologique
de l'homme et sur le développement mental de
l'humanité, que nos connaissances sont relatives,
il fera de la reconnaissance de cette relativité une
condition et un signe de l'esprit positif, c'est-à-dire
du bon esprit, de la méthode légitime, et il dira
que l'esprit positif est le sentiment de la relativité
de notre science. Ainsi il substitue insensiblement
à la tradition de Galilée, de Descartes ou de
Newton une conception de l'attitude scientifique
qui lui est exclusivement personnelle et qu'il ne
laisse pas de présenter comme une donnée de
l'histoire et comme l'expression de l'esprit moderne.

Il n'est pas sûr pourtant qu'il n'ait pas vague-
ment soupçonné que sa notion de l'esprit positif
ne concorde pas absolument avec les données de la

tradition scientifique. Aussi donne-t-il volontiers
la méthode positive comme l'expression définie et
systématique des dispositions et de la méthode du
bon sens vulgaire. «Le véritable esprit philosophique
consiste uniquement en une simple extension
méthodique du bon sens vulgaire à tous les sujets
accessibles à la raison humaine, puisqu'on ne saurait douter que, dans un genre quelconque, les
inspirations spontanées de la sagesse pratique
n'aient seules déterminé graduellement la transformation des habitudes spéculatives, en rappelant
toujours les contemplations humaines à leur vraie
destination et aux conditions essentielles de leur
réalité. » Donc le fond de l'esprit positif, tel que
l'entend Comte, c'est le sens pratique, le goût du
solide et de l'utile. Cet esprit est né de la réaction
du bon sens sur les tendances spéculatives de
l'intelligence humaine, ou, comme le dit Comte,
« d'une réaction spéciale de la raison pratique sur
la raison théorique ». C'est donc le bon sens, non
la raison philosophique ou scientifique, qui doit
rester la règle ou le critère de la positivité.

C'est pourquoi aussi, dans sa conception de
l'esprit positif, Comte fait de plus en plus petite
la part de la raison théorique, pour accroître le
rôle de la raison pratique. Il arrive ainsi, dans ses
derniers écrits, à une notion de la méthode qui n'a
presque plus rien de commun avec l'esprit de la
science moderne. Si ce qui est positif, c'est-à-dire
susceptible d'entrer comme élément dans une saine
philosophie, c'est ce qui est utile, et cela seulement,
il faudra premièrement proscrire toutes recherches,
toutes connaissances, même expérimentales, qui

seront dénuées d'utilité : de là des restrictions de plus en plus sévères du domaine de la vraie science. En second lieu, il faudra approuver et admettre toutes suppositions ou imaginations utiles, soit pour coordonner les connaissances à conserver, soit pour exciter ou soutenir les sentiments nécessaires à la vie individuelle ou sociale : de là les hypothèses, les *utopies*, les *fictions*, dont l'abondance caractérise les derniers écrits de Comte. En somme, ce n'est plus le vrai qui est le critère des éléments légitimes de la science, c'est l'utilité et, particulièrement, l'utilité sociale. Ceci est bien sans doute dans la logique du système, mais ce n'est pas, quoi qu'en dise Comte, dans la logique de l'histoire. Il ne continue pas en cela Galilée ou Newton ; il les condamne. Cela ne le condamne peut-être pas lui-même, mais il fallait, pour faire comprendre son œuvre et son esprit, indiquer cette contradiction de l'esprit positif, tel que le conçoit A. Comte, et de l'esprit scientifique, tel qu'il se manifeste dans le développement de la science moderne.

Il convient d'ailleurs de rappeler en finissant que, dans cette notion complexe de l'esprit positif, ce ne sont pas toujours les mêmes éléments que Comte tient pour essentiels. Ramener à l'état positif un système de connaissances, c'est d'abord en exclure tout ce qui n'est pas une donnée de l'expérience, mais c'est aussi les ordonner et les interpréter figurativement, selon les besoins pratiques ou sentimentaux de l'humanité d'aujourd'hui. Dans la première période de sa vie, c'est la première partie de cette définition que A. Comte considérait

comme la caractéristique essentielle de l'esprit
positif ou de la positivité. Dans la seconde période,
c'est l'autre aspect de cette notion qui lui semble
le plus important. En d'autres termes, c'est
l'esprit scientifique qui domine, bien qu'un peu
altéré déjà, dans le *Cours de philosophie positive*;
c'est l'esprit utilitaire et utopique qui domine dans
le *Système de politique*.

II

LA PHILOSOPHIE DES SCIENCES.

Dans l'intention de Comte, le *Cours de philosophie positive* et la philosophie de la science qui s'y
trouve exposée n'étaient qu'une préparation à
l'œuvre morale et politique, seule vraiment importante. Il n'en est pas moins vrai que, pour nous,
cet ouvrage, soit à cause des questions dont il
traite, soit à cause de l'esprit dont il est animé, est
resté le plus intéressant et le plus lu des écrits
de son auteur. Pour beaucoup de commentateurs,
la philosophie de Comte, c'est uniquement ou principalement sa philosophie des sciences. Il est certain d'ailleurs que, quelque question qu'il traite, il
en revient toujours à ce genre de considérations, et
comme, d'autre part, ses vues sur ce sujet déterminent et expliquent toutes ses doctrines, on n'en
saurait commencer autrement que par là l'exposition systématique. Il n'est d'ailleurs pas facile,
Comte ayant longuement parlé des diverses sciences

prises une à une et fort peu de la science en général, de dégager des six volumes du *Cours* les
vues d'ensemble qui seules peuvent prendre place
dans ce rapide résumé. On peut classer les idées
de Comte sur ce point en deux séries, selon qu'elles
concernent la science et ses principes ou les sciences
et leurs méthodes.

1° **La science et ses principes.** — La science
est l'œuvre et l'expression de l'esprit positif, qui s'y
manifeste avec son double caractère de raison
pratique et de raison théorique. Elle s'attache donc
aux seuls faits, excluant toute recherche touchant
les causes, c'est-à-dire le mode de production des
phénomènes. Elle ne vise qu'à en déterminer les
lois ou liaisons constantes en vue de les prévoir et,
à l'occasion, de les produire. C'est par cet attachement exclusif à l'expérience et cette visée pratique
que la science est l'œuvre du bon sens. Mais la
raison théorique, le sens et le goût des notions
claires et systématiques, ne s'y exprime pas
moins par la tendance à coordonner et à généra-
liser les lois. Il y a, à la fois, dans la vraie science,
positivité et rationalité : elle est positive, ayant les
seuls faits pour domaine et pour fondement ; elle
est rationnelle, ayant pour objet et pour substance
les relations abstraites et intelligibles des phénomènes.

La vraie théorie de la science, qui se compose de
lois et non de faits, serait donc une théorie des
lois, de leur nature, de leurs formes, de leur
valeur. Mais A. Comte se contente d'en distinguer,
en passant, deux espèces, les lois de similitude et
les lois de succession, faisant correspondre ces

deux sortes de liaisons à la distinction, qui lui est
chère, du point de vue statique, qui est celui de
l'ordre, et du point de vue dynamique, qui est
celui du progrès. En quoi il est à craindre qu'il n'y
ait quelque confusion. On comprend très bien la
distinction des lois statiques et des lois dynamiques.
Les lois statiques sont des relations de coexistence
ou de concomitance entre les éléments d'un même
système, distinctes à ce titre de la liaison des
phases successives par où ce système, pris dans
son ensemble, peut passer en son progrès. Or, si
l'on peut considérer les lois de succession (encore
que cette expression comporte un sens plus
général) comme analogues aux lois dynamiques, le
rapport des lois statiques et des lois de similitude
est tout à fait factice. D'abord, il n'y a pas de lois
de similitude. L'assimilation est un procédé d'explication par lequel on ramène un fait ou une loi à
un fait ou à une loi d'ordre plus général. Il n'y a
pas là constatation d'une concordance constante ou
d'une loi; mais, une loi d'ordre quelconque étant
donnée, on s'en sert pour expliquer, en l'y rédui-
sant, un fait ou une autre loi. Au surplus, quel
rapport pourrait-on apercevoir entre la réduction
d'un fait à un autre et la constatation de la liaison
nécessaire et constante des organes d'une même
espèce animale ou des éléments d'un même phénomène complexe.

Quoi qu'il en soit, Comte ne pense pas, du moins
au début de sa carrière, que la science doive se
contenter de déterminer les lois immédiates
des faits. Elle doit chercher à en réduire le nombre
en les généralisant. C'est une tendance légitime

que celle de l'organisation hiérarchique des lois
successivement découvertes; mais elle pourrait
entraîner à de graves erreurs, si le sens du réel ne
venait prévenir de l'irréductibilité des diverses
catégories de faits. La même tendance légitime à
la rationalité accroît chaque jour dans la science la
part de la déduction aux dépens de celle de l'observation. C'est à l'observation de fonder la science,
c'est à l'induction d'énoncer les premières lois;
mais c'est à la déduction d'en développer les
conséquences et de conclure indéfiniment, des lois
les plus simples et les plus générales, les lois plus
complexes et de moindre étendue. A dire le vrai,
c'est la déduction qui est le procédé de constitution
de la science. Il faut autant que possible ne se
servir de l'induction que pour atteindre les lois
les plus générales et les plus importantes. C'est
ainsi que l'on procède naturellement dans l'étude
des objets les plus simples, dans les mathématiques ou dans la physique. Mais on peut en user
de même pour les phénomènes les plus complexes.
Comte en a lui-même donné l'exemple en déterminant du premier coup, dans les difficiles questions de sociologie, la loi très générale des trois
états, qui lui a permis de procéder ensuite déductivement à l'explication de l'histoire. On pourrait
douter qu'il soit possible de s'élever ainsi d'un
seul bond aux lois les plus générales. C'est
d'ailleurs un point sur lequel A. Comte s'est plus
tard désavoué, en demandant, dans son *Système
de politique*, que l'on donne de plus en plus
d'importance à l'induction dans les diverses
sciences, en restreignant l'action de la raison

purement théorique. Mais, dans le *Cours*, encore
tout pénétré de la tradition scientifique, Comte
assigne nettement pour caractère distinctif et
éminent de la science la rationalité, sous la seule
réserve du contrôle de l'esprit positif, défini ici, en
son acception proprement comtiste, comme le sens
du réel et de l'utile. « Ainsi, conclut-il, le point de
vue le plus philosophique conduit finalement à ce
sujet à concevoir l'étude des lois naturelles comme
destinée à nous représenter le monde extérieur en
satisfaisant aux conditions essentielles de notre
intelligence, autant que le comporte le degré
d'exactitude commandé à cet égard par l'ensemble
de nos besoins pratiques. Nos lois statiques
correspondent à cette prédilection pour l'ordre et
l'harmonie, dont l'esprit humain est tellement
animé que, si elle n'était pas sagement contenue,
elle entraînerait aux plus vicieux rapprochements ;
nos lois dynamiques s'accordent avec notre tendance irrésistible à croire constamment, même
d'après trois observations seulement, à la perpétuité
des retours déjà constatés, suivant une impulsion
spontanée que nous devons aussi réprimer fré-
quemment pour maintenir l'indispensable réalité
de nos conceptions. »

C'est là une déclaration capitale dont les termes
achèvent de nous éclairer sur la fonction et la
portée que Comte attribue à la science. Nous y
voyons avec précision en quoi la conception
comtiste de la science se distingue de la conception
cartésienne et de la conception criticiste. — Cartésiens et Criticistes donnent également pour fin à
la science l'intelligible. Mais, pour les Cartésiens,

ce qui fait le prix de l'intelligible, c'est qu'il est la
condition, ou plutôt l'essence du réel. Pour
A. Comte, l'intelligibilité et la réalité sont deux
choses fort différentes : l'intelligible peut n'être
pas réel. Si la science le prend pour sa fin, ou pour
une de ses fins, c'est pour donner satisfaction à un
besoin tout subjectif. En ce sens, la science n'est
après tout qu'une façon de figurer les choses et de
les traduire dans notre langage. Les diverses sortes
de lois ne sont pas distinguées par nous dans les
choses parce qu'elles les constituent, mais parce
que nous avons besoin, pour faire les choses nôtres,
de les envisager sous ce double aspect. Pour que
cette satisfaction subjective soit légitime, il suffit,
notre esprit ne devant pas s'exercer inutilement
et sans espoir d'application, que cette figuration
s'accorde avec les apparences. Or, cet accord est
tout à fait contingent, et c'est en quoi cette fois
Comte s'écarte du criticisme. — Pour Kant non
plus, l'intelligible n'est pas le réel, et les lois de la
science ne déterminent pas la nature de la chose
en soi. Mais les lois que l'esprit réclame pour
rendre les faits intelligibles, il est assuré que les
faits s'y soumettront nécessairement. Selon Comte,
ils s'y soumettent en fait et dans une certaine
mesure. Mais la réalité, même expérimentale,
déborde les cadres de notre intelligence. Nous
croyons les phénomènes soumis à des lois :
pourquoi? L'expérience nous le montre, et nous
avons d'ailleurs besoin de la croire. De ces deux
choses, garantie de l'expérience ou exigence de
nos besoins pratiques, quelle est celle qui fonde le
mieux notre croyance à la possibilité de la science?

C'est la première, dit le *Cours de philosophie positive;* c'est la seconde, dit le *Système de politique.* En tout cas, nous ne saurions assurer que les lois naturelles s'étendent au delà des faits qu'il nous est donné d'observer. On aurait pu légitimement douter qu'il y eût des lois des phénomènes sociaux, avant que Comte eût fondé la sociologie. C'est son titre de gloire d'avoir montré, dans le cercle de l'expérience humaine, l'aptitude universelle de l'esprit positif. Mais, au delà de ce cercle, il ne faut rien assurer. Même à l'intérieur, il est prudent de ne pas regarder les choses de trop près, pour n'être pas déçu en ses besoins rationnels. Le zèle des purs savants les emporte à construire de dangereux instruments de précision, qui détruisent, en dénonçant des irrégularités inaperçues, le bel ordre déjà mis dans les faits. Il faut savoir, en nous en consolant, que notre science est approximative autant que limitée. Allons plus loin : sachons reconnaitre qu'elle est instable. Non seulement de nouvelles lois viennent changer l'économie de la science faite; mais nos conceptions méthodologiques, ou les idées directrices de nos recherches, changent avec le développement de l'esprit humain, et le genre de science qui est bon pour aujourd'hui pourrait ne l'être plus pour demain. Voilà la vraie relativité, ou du moins le complément indispensable de la relativité déjà signalée par Kant. L'expérience sensible, — c'est-à-dire la matière de la science, — est relative à la structure de nos organes; l'explication de l'expérience, — c'est-à-dire la forme de la science, — est relative à l'âge de l'esprit humain. Il n'en faut pas

conclure au scepticisme. Car, d'une part, il y a des
lois statiques de l'intelligence humaine, comme de
toutes choses, donc des lois stables de la pensée et
de la science : le fond en reste le même. D'autre
part, il se trouve que l'intelligence en son progrès
— c'est là le sens profond de la loi des trois états
— s'adapte de mieux en mieux à la réalité et se
plie à l'exprimer plus exactement. La science, avec
ses imperfections nécessaires, se trouve ainsi
placée sous la double garantie de l'expérience
universelle et de l'histoire. *A priori*, il n'y a pas
de raison pour croire à l'accord de la variété et de
la complexité des faits avec les besoins de l'intelligence. En fait, nous constatons que les faits s'y
prêtent et que, de mieux en mieux, nous nous
prêtons aux faits. Gardons-nous cependant d'être
trop exigeants ou trop minutieux.

Il résulte de ces dernières remarques que la
science suppose la mise en œuvre de certains principes, axiomes ou postulats, qui en déterminent la
forme ou les conditions. Il semble donc qu'on ne
puisse définir que par la considération de ces principes la nature, la fonction et la portée de la science.
Pourtant, dans son *Cours*, Comte n'en dit rien, si
ce n'est, çà et là, un mot du principe des lois ou
du déterminisme universel. Ce n'est que bien plus
tard, par l'effet de cette réflexion plus approfondie qui l'acheminait à la philosophie, qu'il s'est
rendu compte de la nécessité d'une exposition, critique ou non, de toute science ou de toute pensée.
Il les énonce dans ce chapitre capital du *Système
de politique*, où, au nom de la religion, il détermine pour jamais les cadres et les conditions de

la science à venir. Dans son intention, ces principes constituent la philosophie première que demandait Bacon. Ce philosophe souhaitait, en effet, que toutes les recherches spéciales sur la nature fussent précédées d'une spéculation préliminaire qui énoncerait, pour les expliquer et en régler l'usage, les axiomes généra... qui doivent diriger toute investigation. Ces principes sont de deux sortes. Les uns énoncent les conditions de la pensée sûre et efficace : leur système constitue une sorte de logique sommaire. D'autres énoncent les lois constitutives des choses, lois qui déterminent le genre de recherches scientifiques que la nature réclame ou comporte, les problèmes qu'elle soulève, ou l'ordre à suivre pour les résoudre : ils forment une sorte de philosophie sommaire de l'être, antérieure aux sciences qui étudient les êtres. On pourrait s'étonner, si l'on ne savait qu'il est des nécessités auxquelles, malgré ses intentions, nul philosophe n'échappe, de retrouver dans A. Comte un recommencement ou un écho de la métaphysique d'Aristote. Il est vrai qu'on ne l'y retrouve qu'à l'état d'ébauche bien confuse. Bien que A. Comte ait classé les principes de tout savoir en trois groupes — principes objectifs et subjectifs à la fois, — principes purement subjectifs, — principes purement objectifs, — il ne laisse pas de confondre, dans sa classification, les préceptes logiques ou formels et les lois objectives. Il n'y a donc pas lieu de s'inquiéter autrement de la manière dont il les distribue ou des noms dont il les nomme.

Disons simplement que les uns déterminent la

nature des choses. Il y en a six, qui forment le
troisième groupe, et dont il n'est pas toujours aisé
de comprendre le sens et l'intérêt : — 1° Tout état
tend à persister spontanément, sans aucune altération, en résistant aux influences extérieures :
c'est le principe d'inertie que Comte attribue à
Képler; — 2° Le mouvement commun à toutes les
parties d'un système n'altère pas les relations
d'équilibre ou de mouvement des diverses parties
du système : autre principe de mécanique attribué
par Comte à Galilée; — 3° La réaction est toujours égale à l'action : principe de Newton.
Comte a déjà montré dans le *Cours* comment
ces premières lois s'appliquent à tous les phénomènes, même aux faits sociaux. Les trois suivants,
qui appartiennent également à l'ordre objectif, sont
moins clairs et auraient grand besoin d'un commentaire : — 4° Le progrès est le développement
de l'ordre, ou, en termes plus spéciaux, les lois du
mouvement sont solidaires des lois de l'équilibre;
les lois de développement sont solidaires des lois
de constitution; — 5° L'ordre naturel de classification va de la généralité à la spécialité; — 6° Tout
élément (phénomène, phase, état, etc...) intermédiaire entre deux autres est subordonné aux termes
dont il opère la liaison. Ceci complète sans doute
la loi taxinomique précédente.

A côté de ces vues abstraites sur la constitution des choses, d'autres lois, également au
nombre de six, sont relatives à la constitution de
l'esprit : elles forment le deuxième groupe. Les
unes, d'ordre statique, énoncent les lois perma-
nentes de la pensée : ce sont, au fond, des lois lo-

giques, des préceptes; elles constituent une sorte
de critère de l'équilibre ou de la santé de l'esprit :
— 1° Il faut subordonner l'imagination à l'observation : c'est la condition de la vérité; — 2° On
reconnait ce qui est imagination à sa netteté
moindre par rapport aux perceptions objectives; —
3° Mais c'est moins encore à l'intensité qu'à la pro-
priété d'être habituelles qu'il faut reconnaître les
images réelles. — C'est selon ces lois qu'en tout
temps l'esprit juge et doit juger de ce qui est bien
et exactement pensé. Mais la vie morale de
l'homme n'est pas une chose inerte et immobile;
elle change, elle passe par des états qui déterminent tour à tour l'usage de ces critères de vérité
et en font l'instrument d'une autre œuvre. Il importe donc de connaître les lois de succession des
phases de la vie morale. Cette fois, ce ne sont pas des
préceptes, ce sont des lois de fait dont la connaissance nous apprend seulement quelle œuvre est
possible et quel usage de la pensée sera efficace à
chaque moment. Il y a autant de telles lois que de
facultés, car tous les éléments de notre vie mentale
sont soumis à la nécessité d'évoluer : — 4° L'intelligence passe successivement par l'état théologique, l'état métaphysique et l'état positif : c'est
la thèse essentielle du positivisme; — 5° La sociabilité s'exerce tour à tour dans la famille, dans la
cité, et s'étend enfin à l'humanité; — 6° L'action
individuelle ou sociale est successivement conquérante, défensive et industrielle.

Enfin trois autres lois, celles dont Comte constitue le premier groupe, sont relatives à l'application de l'esprit à la réalité, soit pour la connaître,

soit pour la modifier : — 1º Il ne faut jamais for-
mer que les hypothèses les plus simples. C'est la
condition de toute construction scientifique ; — 2º Les
événements et les êtres sont régis par des lois
immuables. C'est ce qui rend la science possible ;
— 3º Les données de la réalité ne sont modifiables
que dans leur intensité, non dans leur ordre. C'est
ce qui à la fois rend notre action possible et la
limite.

Cette philosophie première appellerait évidemment bien des réflexions. Mais, quelque confuses
ou trop peu générales que soient ces lois, le seul
fait que Comte ait songé à les énoncer, pour constituer une sorte de théorie abstraite de l'être et
de la pensée, suffit à montrer dans quel sens évo-
luait son esprit allant des sciences à la philosophie proprement dite, et non pas seulement à la
philosophie des sciences. Celle-ci, d'ailleurs, si l'on
veut bien y réfléchir, ne saurait aller sans celle-là,
et c'est ce que montre une fois de plus cette évolution de Comte.

2º Les sciences et leurs méthodes. — Il resterait à parler des sciences et de leurs méthodes :
mais de celles-ci Comte ne dit presque rien, et ce
qu'il dit de celles-là est trop connu, — étant passé
dans la tradition et dans l'enseignement, — pour
qu'il soit utile d'y insister beaucoup.

L'esprit positif doit s'appliquer à tout ; mais il
ne peut procéder que progressivement, et chaque
ordre de spéculation doit se produire en son temps,
sous peine d'être prématuré et inefficace. Tout
d'abord, bien que la pratique soit assurément la
fin de toutes nos recherches, il n'en est pas moins

nécessaire d'écarter au début toute préoccupation
d'application et d'éviter d'enfermer l'esprit dans
le cercle des problèmes utiles. Mais il ne faut
revendiquer ainsi, pour les dispositions spéculatives de l'intelligence humaine, qu'une indépendance provisoire. Il le faut pour justifier la science
faite et l'ordre de ses progrès : peut-être d'ailleurs
est-il temps, maintenant que la science est ébauchée dans son ensemble et que les cadres et les
principes généraux en sont définitivement déterminés, de mettre fin aux spéculations sans objet
et de subordonner la recherche scientifique aux
besoins pratiques. Il faut donc distinguer entre la
justification de la science d'hier et la réglementation de la science de demain. Par là s'explique
l'opposition des vues de Comte dans le *Cours* et
dans le *Système*. Tenons-nous-en d'abord au
Cours, où Comte expose la science et ne la règle
pas. Il y explique donc que la contemplation a dû
se constituer à part de l'action. Elle s'est elle-
même naturellement divisée en contemplation
scientifique et en contemplation esthétique. Après
quoi la science, à son tour, a dû se faire exclusivement analytique en démêlant simplement les lois
abstraites des phénomènes, sans prétendre rendre
raison de leurs combinaisons concrètes et particu-
lières. Telle est donc, selon le positivisme, la division nécessaire du travail intellectuel : elle comporte la séparation successive des techniques, des
beaux-arts, des sciences abstraites et des sciences
concrètes, comme la zoologie ou la botanique.
Les sciences fondamentales sont les sciences abstraites, qui étudient les propriétés générales des

corps, abstraction faite des objets complexes et
divers où on les observe.

Les vues de Comte sur la classification des
sciences ne concernent que ces dernières. Il en
distingue autant d'espèces qu'il y a dans la nature
de phénomènes spécifiquement différents. De là
les six sciences fondamentales : mathématique, astronomie, physique, chimie, biologie, sociologie.
— L'astronomie, dont on a contesté qu'elle eût sa
place dans les sciences abstraites, puisqu'elle étudie des êtres concrets et particuliers, est ici considérée exclusivement comme la théorie générale
de la gravitation que A. Comte tient pour un phénomène spécial plus déterminé que les propriétés
mathématiques et plus général que les phénomènes physiques. — On peut remarquer aussi
l'absence de la psychologie ; mais Comte la fait
rentrer, pour les phénomènes élémentaires de la
vie morale, dans la biologie, et pour les plus élevés,
dans la sociologie : le milieu social lui semble la
condition nécessaire du développement de la pensée et des sentiments vraiment humains, tandis
que l'organisation physiologique rend suffisamment compte des émotions ou des sensations
d'ordre animal.

La question importante n'est pas de distinguer
les diverses sciences, mais d'en déterminer l'ordre.
Or ici on peut se placer et A. Comte se place tour
à tour à deux points de vue. On peut s'interroger
sur l'ordre d'invention et d'étude des diverses
sciences, sur la façon dont chacune concourt à
susciter et à développer les autres : ainsi s'établit
une première classification fondée sur l'histoire et

sur l'ordre objectif des choses. Mais, si l'on se demande quelle est l'importance relative des diverses sciences et comment chacune peut déterminer la mesure dans laquelle certaines autres sont nécessaires et méritent d'être cultivées, on en vient à établir une classification qui peut être exactement inverse et qui se fonde sur des vues dogmatiques et non plus sur l'histoire. Notons d'ailleurs que ce qui peut ainsi changer, c'est le choix de la science première et le sens dans lequel la série doit être envisagée; mais, à l'intérieur, la place des diverses sciences reste fixe, et il n'y a au fond qu'une classification positive, celle qui est exposée dans la seconde leçon du *Cours*.

Les phénomènes ne sont pas également complexes, et l'observation nous montre que les plus simples conditionnent, sans peut-être en rendre raison, les plus compliqués. C'est donc dans l'ordre de complexité croissante de leurs objets qu'il convient de constituer et d'étudier les diverses sciences, puisque les principes ou les lois qui régissent les phénomènes simples se retrouveront nécessairement, mais joints à d'autres lois ou principes, dans les phénomènes plus complexes. Cette extension de lois les plus simples et les plus générales à des cas de plus en plus compliqués requiert, évidemment, un déploiement nouveau de ressources intellectuelles, de procédés méthodiques. C'est pourquoi l'histoire nous montre que l'esprit positif a institué successivement les sciences et leurs méthodes dans cet ordre du simple au complexe que suffirait à indiquer le simple bon sens. Il a constitué d'abord les mathématiques avec leur procédé unique, le raisonnement dont elles utilisent toutes les formes et toutes les ressources. Ici, en effet, les phénomènes sont si simples qu'une observation rapide et une abstraction facile mettent tout de suite le savant en possession d'éléments susceptibles d'un développement purement rationnel. L'observation n'y est pas méthodique, étant simple et spontanée. Mais, avec l'astronomie, venue un peu plus tard, l'observation est devenue systématique et a été élevée à la dignité d'une méthode. C'est l'expérimentation qui caractérise l'innovation méthodique de la physique, comme c'est la nomenclature artificielle, destinée à mettre en relief la composition des substances les unes par les autres, qui caractérise le progrès logique de la chimie. Un progrès nouveau a été fait par l'invention, en biologie, de la méthode comparative, ingénieux détour qui permet, en confrontant les organismes complexes à d'autres un peu plus simples et ceux-ci à d'autres plus simples encore, et ainsi de suite graduellement, de déterminer par une analyse indirecte les systèmes d'organes superposés qui constituent le vivant complexe, ainsi que leur valeur hiérarchique. Enfin la sociologie innove la méthode historique, que Comte qualifie, on ne sait pourquoi, de transcendante : elle consiste à établir, par le rapprochement de quelques phases données d'un même développement, la loi ou la courbe du développement tout entier. Il est à remarquer qu'il se fait, dans le passage d'une science à l'autre, une sorte d'accumulation des méthodes, car la science supérieure ne renonce pas aux ressources de celle qui la précède. Ainsi la sociologie, les employant toutes dans l'ordre de leur valeur, est la science-type, qu'il suffirait d'étudier ou de pratiquer pour acquérir la connaissance, ou pour contracter l'habitude de toutes les ressources ou méthodes de la science.

Vers la fin de sa carrière, A. Comte a conçu tout autrement l'ordre de dépendance des diverses sciences. C'est à la sociologie, ou plutôt encore à la morale, la dernière en date, mais la plus importante, qu'il appartient de réagir sur les autres et d'en régler désormais le développement. Au lieu qu'elles se sont jusqu'ici développées librement, allant sans but de questions en questions, elles devront subir la discipline de la religion de l'Humanité, fondée par la sociologie. Incorporées à la religion, toutes les sciences seront condensées dans la morale, « où nous étudions notre nature afin de régler notre existence ». Ainsi commence « le régime pleinement synthétique où l'homme, directement envisagé dans son indivisible existence, devient l'objet continu des théories destinées à le mieux adapter au service du Grand Être ». En d'autres termes, selon la religion de l'Humanité, une seule chose est nécessaire : c'est l'établissement d'une forte discipline de la vie, d'une morale. Mais la morale rend nécessaire la connaissance de l'humanité ou la sociologie : notez qu'elle détermine, en même temps, quelles connaissances de cet ordre sont vraiment utiles. La morale organise donc la sociologie en la légitimant, et elle lui dicte, sinon sa méthode, du moins son esprit et ses limites. Mais la sociologie fait de même à l'égard de la biologie,

qu'elle rend nécessaire, tout en la limitant et en la
transformant. Ainsi, de proche en proche, les exigences de la morale, tout en maintenant les relations
naturelles des sciences, ne laissent pas de les
éclairer d'un jour nouveau et de les pénétrer d'un
nouvel esprit. C'est là le point de vue définitif où
s'est placé Comte dans le *Système de politique* et
d'après lequel il prévoit et réclame la réorganisation de toutes les sciences sur un plan qui ne
rappelle que de bien loin, s'il faut en juger par
l'unique essai (*la Synthèse subjective*) qu'il nous
en a donné, les expositions du *Cours de philosophie
positive.*

III

LA PHILOSOPHIE DU RÉEL.

Si la philosophie des sciences, jointe aux spéculations sociologiques, fait le fond des ouvrages de
Comte, on aurait tort de penser que la philosophie
proprement dite, la tentative d'une explication
tot   de la réalité, y fasse complètement défaut.
Quoi qu'il en soit de ses intentions et de ses principes, Comte s'y trouve amené de deux façons: —
D'abord, comme nous venons de le voir, la philosophie des sciences y conduit tout naturellement.
Toute théorie de la science, de ses conditions et de
ses limites implique nécessairement une théorie de
la nature des choses, de leur existence et de leur
rapport à la pensée. Seulement, tantôt la théorie
du réel précède la théorie du savoir, — c'est la

méthode du dogmatisme ; tantôt c'est la théorie
de la science qui détermine la conception des choses,
— c'est la méthode du criticisme. Comte est un
dogmatique inconscient : mais ses idées latentes
sur l'être et ses conditions ne sont remontées à la
surface de son esprit, ne se sont explicitées que
tardivement et bien imparfaitement. Sa philosophie
première, telle que la constituent sommairement
les quinze lois encyclopédiques, reste indéfinie :
elle n'est pas, à vrai dire, une explication des
choses ; elle en donne seulement les moyens et en
détermine la forme. — D'autre part, le but dernier
de l'œuvre de Comte exigeait une philosophie.
Nous l'avons déjà remarqué : on ne réorganise pas
la vie humaine et la société avec de simples vues
méthodologiques sur les conditions du travail intellectuel et sur l'ordre des recherches scientifiques. Ce dont nous avons besoin, ce n'est pas de
règles formelles, mais de croyances objectives
touchant notre nature, notre place dans le monde,
notre destinée et les puissances suprêmes dont
nous dépendons. De là l'institution de la religion
de l'Humanité, dont on a coutume de ne considérer,
pour les ridiculiser, que le culte et les pratiques,
mais qui est avant tout une conception rationnelle
de la nature et de la vie. Il y a donc bien, dans le
positivisme, une vraie philosophie, qui n'est pas
sous-entendue, mais seulement éparse, et dont
quelques parties sont seules développées systématiquement, encore qu'elles ne prennent tout leur
sens qu'autant qu'on les rapporte à la doctrine
générale dont elles sont un élément.

Cette philosophie que réclame l'intention dernière du positivisme, quelques-unes des thèses initiales de la doctrine semblent la rendre impossible. Mais ce n'est qu'une apparence. Elles obligent seulement A. Comte à construire sa philosophie dans un autre plan et dans un autre esprit que les métaphysiques qu'il condamne. — Nous ne pouvons connaître les causes, les substances, les origines ; le domaine de notre science est étroit et tout en surface. Mais, à s'en tenir à cette première difficulté, une philosophie resterait possible, analogue à celle de Spencer, qui, abandonnant l'inconnaissable, systématiserait les apparences et les ramènerait à l'unité d'un seul principe. Aussi bien ne faut-il pas se faire d'illusion sur ce que Comte entend par la relativité de la connaissance. Nul esprit n'est plus que le sien éloigné du subjectivisme. Notre connaissance n'est pas relative en ce qu'elle n'atteindrait pas le réel, mais seulement des apparences ; elle est relative en cela simplement qu'elle est incomplète, qu'elle comporte des lacunes, tenant au petit nombre de nos sens et à l'exiguïté de leur portée. Notre science est grossière, approximative, bornée ; mais ce que nous connaissons est réel : Comte n'en a jamais douté sérieusement. — Il est vrai que ces lacunes empêchent qu'on puisse tenter une explication totale des choses par leur réduction à un même principe. Elles interdisent toute synthèse objective. On sait que pour Comte les diverses catégories de phénomènes sont irréductibles. Il serait vain de chercher dans la chimie l'explication de la vie, ou dans les lois de la pesanteur la raison des propriétés chimiques des corps. Nous n'avons donc que des connaissances éparses et réfractaires

à toute systématisation philosophique. — Mais,
quand on a enregistré ces affirmations de Comte
et quand on s'est bien convaincu qu'il ne faut pas
chercher dans le positivisme une philosophie, on
ne peut cependant s'empêcher de l'y trouver. Il ne
reste qu'à en expliquer la présence.

Les phénomènes qui sont l'objet de la science
s'ordonnant en une hiérarchie naturelle qui va des
plus simples aux plus complexes, des propriétés
mathématiques à la vie sociale, il n'y a que deux
façons d'en opérer la synthèse et d'en tenter une
explication définitive : c'est de les ramener à l'un
ou à l'autre des termes extrêmes. On peut d'abord
essayer d'expliquer toutes les formes de la réalité
en les considérant comme des complications pro-
gressives des propriétés mathématiques de la matière. On peut, d'autre part, chercher la raison de
la complication croissante des choses dans les
caractères et les besoins de l'existence sociale. Ce
sont là les deux formes générales auxquelles se
ramènent toutes les philosophies possibles : l'une
est très visiblement le matérialisme, tandis que
l'autre répond à tous ces essais confus qui se
décorent du nom de spiritualisme. Ce que les principes de Comte proscrivent absolument, c'est le
matérialisme : au surplus, il le condamne sans cesse
expressément. Mais condamne-t-il le spiritualisme,
ou même n'est-il pas vrai qu'il le professe? S'il
s'agit de loger des âmes dans les corps, ou une
âme dans la nature, ou un Dieu au-dessus du
monde, Comte, qui s'interdit ce genre de supposition, ne peut pas être considéré comme un
spiritualiste. Mais, s'il suffit de croire simplement

que tout ce qui est devient intelligible comme
moyen de cette forme supérieure de la vie spirituelle qui est la vie sociale, certes Comte professe
expressément le spiritualisme. Il repousse toute
philosophie qui, donnant à la notion de causalité une
signification transcendante, prétendrait faire rentrer les unes dans les autres toutes les catégories de
phénomènes. Mais ses principes comportent une
philosophie qui se fonderait sur la finalité : on-la
trouve même ébauchée à grands traits dans ses
derniers écrits.

Tout d'abord, selon Comte, la finalité est une idée
directrice nécessaire dans l'analyse et l'explication
des êtres vivants : c'est le tout qui, selon lui, y détermine les parties. Conformément à ses principes,
il rend positive cette notion de finalité, en excluant
de ses considérations toute idée d'intention. Il ne
veut pas savoir quel est le mode de production de
cette harmonie qui est le caractère original de la
structure des vivants ; mais, d'où qu'elle vienne,
cette harmonie est un fait, et l'être vivant n'est intelligible qu'autant qu'on cherche dans l'ensemble
la raison des détails. Au surplus, s'il n'était retenu
par ses principes, Comte serait plus disposé à
expliquer la finalité à la manière des spiritualistes,
par une intention, qu'à la manière des naturalistes,
par le concours accidentel de forces aveugles. Il
avoue quelque part que, dès que l'on veut se poser
la question du mode de production des choses, la
croyance en un Dieu spirituel s'impose. On ne peut
être métaphysicien et athée. Et lui-même, vers
la fin de sa carrière, s'autorisant de ce que la
méthode positive permet des hypothèses repré-

sentatives, il se plaira à prêter aux choses ou même aux abstractions des intentions et des complaisances : il animera les courbes ; il personnifiera les équations ; il feindra la terre bienveillante et l'espace favorable à la prospérité de l'humanité.

En attendant, c'est selon cette idée de finalité qu'il systématise le monde qu'atteignent nos sens et où notre action s'exerce. Il veut qu'on l'envisage du point de vue de l'humanité, qu'il se représente volontiers comme la raison de toutes choses, et, si l'on ne peut trouver dans l'œuvre de Comte l'affirmation expresse de ce principe sous sa forme générale, il n'en est pas moins vrai d'abord que ce n'est qu'autant qu'il le suppose que Comte peut opposer la conception positiviste à l'antique matérialisme et se donner lui-même comme l'héritier et l'interprète de la philosophie spiritualiste. D'autre part, dans ses considérations sur les sciences ou sur l'humanité, il se place sans cesse au point de vue de cette finalité immanente. Combien de fois lui arrive-t-il de définir le monde inorganique comme l'ensemble des conditions de la vie, et particulièrement de la vie humaine ! Dans les explications de Comte sur les liaisons des diverses sortes de phénomènes, le monde nous apparaît comme une suite de moyens s'acheminant vers une fin suprême, l'humanité. Aucun de ces phénomènes, à le supposer donné d'abord, ne justifie ou ne requiert l'existence du suivant : il y a contingence dans le passage de l'un à l'autre. Mais chaque ordre de phénomènes ne se comprend pourtant lui-même que comme condition des phénomènes de l'ordre immédiatement supérieur.

Il est vrai maintenant que, selon l'expression de
Comte, ce n'est là qu'une considération subjective,
une manière d'envisager les choses pour les comprendre. Il faudrait, pour parler exactement,
dire : tout se passe *comme si...* Mais n'oublions
pas que, selon Comte, il n'en est pas autrement
des explications proprement scientifiques : il ne
s'agit jamais que de nous représenter les choses
de manière à nous les rendre intelligibles, sous la
réserve que les faits permettent cette représenta-
tion. Or Comte ne doute pas que, toute opinion
réservée sur le comment transcendant, l'expérience
ne permette l'interprétation finaliste du monde, ou
plutôt de notre monde.

Comte développe cette conception avec complaisance. Ce n'est pas que, sur les rapports du
monde inorganique à la vie, il soit très explicite.
Sans cesse il substitue à la considération du
rapport des choses la considération du rapport des
sciences. Mais, dès qu'il arrive à la vie, le fina-
lisme triomphe, non seulement dans l'explication
de chaque être ou de l'économie de chaque règne,
mais dans la subordination à l'humanité de l'ensemble des vivants, qu'il se plaît à considérer
comme collaborant avec elle à assurer sa supré-
matie sur les forces inorganiques, pour s'en défendre ou s'en servir. Il conçoit le monde des
vivants comme une *biocratie*, une société quasi-
politique, où plantes et animaux sont les collaborateurs et les ministres de l'humanité. C'est très
nettement que l'humanité est représentée comme
une fin, non pas seulement comme une fin donnée
en fait, mais comme une fin nécessaire en droit.

Il fallait un Grand Être, et ce Grand Être ne pouvait être que l'humanité : c'est ici que s'affirme le plus nettement le caractère philosophique, ou même métaphysique, de la synthèse de Comte.

Il ne l'a d'ailleurs jamais qu'ébauchée. C'est que son intention est surtout pratique. Il a hâte d'arriver à la réorganisation de la vie individuelle ou sociale. Or il suffit, pour cela, de déterminer un point de vue systématique d'où l'homme puisse juger de sa place et de sa destinée. Ce point de vue est déterminé dès que l'humanité apparaît comme la fin par laquelle le monde, sinon l'univers, devient intelligible ; dès que, particulièrement, elle s'impose à nous comme l'être suprême, l'équivalent du Dieu de la théologie. A ce moment, l'organisation pratique devient possible. C'est pourquoi Comte abandonne la spéculation et ne se préoccupe plus que de définir la discipline morale et sociale qui résulte de l'idée de l'Humanité, fin suprême de la vie et de la réalité. L'œuvre religieuse, ou la systématisation sentimentale et pratique de la vie sous l'idée de l'Être suprême, se substitue à l'œuvre philosophique, purement préparatoire, parce qu'elle n'est que spéculative.

IV

LA SOCIOLOGIE.

La sociologie est vraiment le centre de l'œuvre de Comte. C'est en l'instituant qu'il achève la série des sciences, et c'est d'elle qu'il emprunte les prin-

cipes de la philosophie ou de la religion, qui lui
permettra de systématiser toutes les fonctions de
la vie, y compris la science elle-même. Les idées
de Comte sur ce sujet ont cela d'intéressant qu'il
ne se contente pas, comme pour les autres sciences,
d'en définir l'objet et la méthode. La sociologie
est une science nouvelle, tout entière à constituer
et dont A. Comte a voulu, d'après ses propres
préceptes, poser au moins les bases. Il a voulu,
avec la théorie de la science, construire la science
elle-même. C'est pourquoi nous aurons à distinguer, dans les vues de Comte sur ce sujet, celles
qui concernent l'objet et la méthode de la sociologie et celles qui se rapportent à la vie sociale,
dont il a essayé de déterminer les éléments et les
lois.

1° **La théorie de la science sociale.** —
Toutes les vues de Comte sur la physique sociale
ou la sociologie reposent sur cette idée que la vie
sociale est une forme, la plus haute, de la vie, et
que les sociétés sont des vivants, des sortes d'organismes. Il voit bien, d'ailleurs, par quels traits
une société se distingue d'un organisme animal. Il
en signale deux principaux, dont le premier est que
les éléments d'une société peuvent se séparer sans
cesser pour cela de subsister : ils jouissent donc
d'une certaine indépendance. D'autre part, les
sociétés se continuent spirituellement les unes
dans les autres : la vie sociale ne s'éteint pas avec
chaque société pour renaître en une autre, toujours semblable à elle-même. Mais, cela dit, l'ana-
logie reste profonde entre les organismes et les
sociétés. A. Comte se plaît à en rapprocher les

éléments terme à terme, retrouvant dans la société
l'équivalent des organes, des tissus ou des cel-
lules dont se compose l'animal. C'est cette vue
directrice qui détermine les idées de Comte sur
l'objet, les divisions ou la méthode de la science
sociale.

Comme ce qui caractérise l'animal, c'est le concours nécessaire de toutes ses parties en vue de
la conservation et du développement du système
entier, ainsi la société apparait comme un tout
indivisible où chaque élément n'a de sens et n'est
susceptible d'être décrit et expliqué scientifiquement qu'autant qu'il est rapporté à l'ensemble. Il
suit de là que les diverses sortes de phénomènes
sociaux ne sauraient être étudiés à part et devenir
l'objet d'autant de sciences distinctes. Pas plus
qu'on ne peut comprendre une science de la diges-
tion ou une science de la respiration, on ne peut
admettre davantage une science du gouvernement
ou une science des faits économiques. D'un mot, il
n'y a pas des sciences sociales, mais une science
sociale. Il est vrai que cette science comporte des
parties ; mais il ne faut pas les distinguer d'après
la division des phénomènes ou des fonctions de la
vie sociale. Ici encore, il faut se régler sur
l'exemple de la biologie. Celle-ci se divise en anatomie et en physiologie, dont l'une étudie la structure et l'autre le fonctionnement de l'organisme.
Cette division correspond aux deux idées, capitales
en toute existence, de l'ordre et du progrès, de
l'équilibre et du mouvement. On distinguera donc,
dans la sociologie, deux parties concourantes : la
Statique sociale, correspondant à l'anatomie, et la

Dynamique sociale, correspondant à la physiologie. De même que l'anatomie et la physiologie générales ne se confondent pas avec l'analyse concrète et la classification des espèces vivantes, ainsi la statique et la dynamique sociales ne se confondent pas avec l'ethnologie ou la statistique. Il ne s'agit pas, dans la statique, de décrire les sociétés avec leurs formes diverses, mais seulement d'en déterminer les éléments constants et leurs rapports fixes de subordination, rapports qui, le cas échéant, serviraient de principes à toute classification. Pareillement, la dynamique ne cherche pas, ou du moins ne devrait pas chercher, à retracer l'évolution réelle des sociétés, mais à trouver les lois de toute évolution sociale. La sociologie est une science abstraite, la science de la vie sociale, en quelques peuples qu'il nous soit donné de l'observer. Seulement, si c'est là l'intention première de Comte, il se trouve qu'en fait, préoccupé d'histoire et de politique, il infléchit la science nouvelle vers le concret et le réel, et fausse ainsi dans l'application les utiles divisions que lui suggéraient d'abord ses vues générales, très légitimes, sur la classification des sciences et la distinction de leurs problèmes. C'est ce que montre bien une analyse précise des idées de Comte sur l'objet et les méthodes des deux parties de la science sociale.

La statique étudie les actions et réactions des divers éléments du corps social, abstraction faite du mouvement commun qui les emporte. Cette abstraction est légitimée par la loi de Galilée, selon laquelle un mouvement commun à tout un

système n'altère pas les rapports de ses parties.
Mais, en fait, ce mouvement, dont la statique fait
abstraction, n'en existe pas moins, et la vie sociale
s'accomplit en phases successives, dont la détermination est l'objet de la dynamique. Celle-ci est la
science réelle et essentielle, puisqu'elle étudie le
fait fondamental qui enveloppe et détermine de
façon diverse, à chaque instant, cet ordre stable
qui est l'objet de la statique. Ce sont les considérations statiques qui sont vraiment des abstractions, car les relations des éléments sociaux ne
sont jamais données que sous telle forme précise
et variable, relative à un âge social déterminé. On
a reproché souvent à Comte de s'en être tenu sur
la statique à des considérations très sommaires.
C'était dans la logique du système : quand une fois
on a énuméré les éléments de la société et indiqué
leur ordre d'importance et leur fonction abstraite,
il n'y a plus rien à en dire, puisque toute relation
définie, précise, concrète, entre ces éléments, est
subordonnée à la loi de l'évolution sociale. —
Considérons donc uniquement la dynamique, dont
la conception décidera de la nature et de la fonction de la science sociale. Elle a pour objet le
mouvement continu des sociétés ; elle a pour but
la détermination des phases dont la suite constitue
la vie sociale ; elle énonce donc des lois de succession. Cette dernière expression est entendue
ici en un sens confus, où se révèle le caractère
hybride de la conception sociologique de Comte.
Au sens ordinaire du mot, le propre d'une loi de
succession, comme d'ailleurs de toute loi, c'est
qu'elle énonce une relation conditionnelle et, par

là même, susceptible théoriquement d'un nombre indéfini d'applications. Toute loi de ce genre se ramène à cette formule : si telle condition est donnée, tel autre fait s'ensuit nécessairement, — la condition énoncée pouvant d'ailleurs être donnée en un nombre infini de cas, ou n'être pas donnée du tout. Or, les lois dynamiques, énoncées par Comte, sont-elles de cet ordre? Se propose-t-il de déterminer en général les suites nécessaires de telles circonstances sociales possibles, mesures politiques, situation économique, etc., pouvant se retrouver en toutes sortes de sociétés et servir à en expliquer le développement? En aucune façon. D'abord les lois que cherche A. Comte ne seraient nullement hypothétiques. Il cherche l'ordre nécessaire des phases du développement social : la première est déterminée par la nature des choses, — entendez ici la constitution de l'homme, — et les autres suivent inévitablement sans qu'aucune circonstance en puisse arrêter définitivement le déroulement ou en intervertir l'ordre. C'est donc la marche fixe et immuable des sociétés qu'il s'agit de définir. Maintenant, cette marche comporte-t-elle un peu de cette généralité qui est la condition de toute loi? Est-il bien exact de parler de la marche des sociétés, entendant par là que toute société serait soumise à cette nécessité de passer tour à tour par les trois états: théologique, métaphysique, positif, ou que la sociabilité s'y manifesterait tour à tour sous la triple forme des affections domestiques, civiques, humanitaires? Pas davantage. Nulle société n'accomplit intégralement cette évolution, qui commence en l'une et se continue

dans l'autre. Dès lors, la vie sociale, dont il s'agit
de trouver la loi ou les lois, n'est pas la vie des
peuples supposée partout semblable et soumise
en son évolution aux mêmes nécessités : c'est la
vie de l'humanité dont les peuples expriment et
réalisent l'une après l'autre les puissances latentes.
La science sociale, dont la dynamique est la partie
essentielle, n'est donc pas, comme il le semblait
au premier abord, la science abstraite de la vie
sociale, supposée observable en toutes sortes
d'exemples ; elle est la science d'un être concret
et singulier, l'humanité. La statique étudie les
éléments qui, à chaque instant et en quelque
peuple que l'humanité se réalise pour un temps,
sont nécessaires à sa vie ; la dynamique observe,
décrit et ramène à une formule simple et précise
son mouvement continu de civilisations en civilisations. C'est dire que A. Comte, entraîné par ses
préoccupations personnelles, est passé à côté de
la véritable science, — abstraite ou concrète, —
des sociétés et de la vie sociale, telle que l'avaient
préparée certains de ses prédécesseurs, comme
Montesquieu, pour continuer simplement la tradition des historiens philosophes, de Bossuet ou de
Condorcet.

Il ne faut donc pas s'étonner si Comte, partant
d'une conception incertaine de la science sociale et
flottant entre l'intention d'une sociologie et l'exécution d'une philosophie de l'histoire, n'a rien dit
de net sur la méthode de cette science, qui ne saurait évidemment être la même selon qu'il s'agit
de déterminer les lois de toute société ou les lois
de l'humanité. Selon Comte, la sociologie se sert de

toutes les méthodes des autres sciences, auxquelles elle joint un procédé nouveau, la méthode historique. C'est même là, pour Comte, qui réduit en somme la science sociale à la dynamique, le procédé essentiel. Il consiste simplement à déterminer le mouvement social par la comparaison des états successifs de civilisation, comparaison qui doit mettre en évidence la croissance ou la décroissance de certains éléments sociaux, organisations visibles ou tendances morales. C'est tout, et c'est très simple. C'est comme si l'on disait que, pour déterminer les causes d'un fait, il faut comparer les circonstances qui l'accompagnent en divers exemples, en oubliant de remarquer que cette comparaison doit être faite selon certains procédés variables d'un cas à l'autre, que ces procédés, pour être féconds et sûrs, doivent se soumettre à certaines règles, lesquelles, à leur tour, supposent des principes. Il en est sans doute ainsi de la méthode historique ; cette comparaison comporte des procédés, des règles, des principes. Mais, en logicien simpliste, Comte réduit en général la théorie de la méthode à l'indication des diverses sources ou modes d'information.

On pourrait d'ailleurs se demander quel usage fait Comte de la méthode historique, et s'il s'en sert pour trouver les lois du mouvement social ou pour expliquer par ces lois le cours de l'histoire. En droit, l'histoire ne pourrait déterminer des lois que si elle nous montrait les mêmes successions constantes en des séries diverses d'exemples. Or, nous savons que l'évolution de l'humanité est unique ; chaque âge de la pensée, du sentiment ou de l'action ne s'est présenté qu'une fois. L'historien, dès qu'il est prévenu de la suite des phases de la vie sociale, peut bien rendre raison du passé par ce progrès et en préciser le détail; mais l'ordre général de développement qu'il vérifie ainsi, peut-il l'énoncer comme une loi? Ce n'est qu'un fait, un fait très vaste, une formule qui résume avec ampleur le passé historique. Mais, comment savoir si cet ordre de développement était nécessaire? Comment affirmer qu'il représente la courbe complète de la vie de l'humanité, et non quelques-unes seulement de ses phases? Il n'y en a qu'un moyen, c'est d'admettre avec Comte que cette marche est prédéterminée tout entière dans la nature de l'homme. C'est donc à la considération de la constitution de l'homme et non à l'histoire de déterminer la loi d'évolution de l'humanité. C'est bien, en effet, déductivement que Comte procède à l'établissement de ses lois dynamiques, et notamment de la loi des trois états. La méthode historique ne fait ensuite que les appliquer, — pour en rendre le détail intelligible, — à l'histoire réelle et concrète de l'humanité. Les principes de la sociologie comtiste ne sont donc pas des données de l'observation, mais des déductions rationnelles de la nature humaine. Ils n'en sont sans doute ni meilleurs, ni pires; mais tout ceci nous montre qu'il n'y a pas moins d'indécision dans les idées de Comte sur la méthode de la sociologie que dans sa conception du véritable objet de cette science.

2° **La théorie de la vie sociale**. — L'œuvre sociologique de Comte est constituée essentiellement par une exposition historique du dévelop-

pement de l'humanité, que nous ne pouvons songer
à résumer ici. Ce que nous pouvons seulement
indiquer, ce sont les vues générales qui servent
de principes à cette exposition. Les unes concernent, conformément à la division de la sociologie en statique et dynamique, les conditions
constituantes de la vie sociale ; les autres énoncent
les principes du mouvement social. Mais les unes
et les autres sont fondées sur des données psychologiques. Selon Comte, deux dispositions caractérisent essentiellement la nature humaine : ce
sont la sociabilité, principe générateur et conser-
vateur de la vie sociale, et l'instinct de progrès
ou de perfectionnement, qui est le principe du
développement de l'humanité. Il suffit, pour entrer
dans l'esprit de la sociologie de Comte, de voir
sommairement comment il comprend la nature et
les effets de ces deux tendances constitutives.

Le penchant qui porte l'homme à la vie sociale
est distinct des tendances égoïstes. Ce n'est pas
l'intérêt qui aurait pu rapprocher les hommes, car
la vie sociale exige plus de sacrifices qu'elle ne
comporte d'avantages. Au surplus, pour comprendre l'utilité de la vie sociale, il faudrait en
avoir fait déjà l'expérience. L'instinct a donc
précédé la réflexion, comme le montre d'ailleurs
l'existence de sociétés animales. Seulement cet
instinct devait rester longtemps subordonné aux
sentiments égoïstes ; c'est avec le développement
de l'intelligence, subordonnée elle-même au début
à la vie affective, qu'il devait engendrer la société.
Ce n'est pas que la vie sociale soit issue du seul
besoin d'affection, mais cet instinct l'a préparée et

rendue possible. Il n'a suscité directement qu'une société étroite, qui est la famille. Ce n'est là, en effet, qu'un groupement sentimental. L'affection ne peut aller plus loin : seulement, dans la famille, l'individu fait l'apprentissage de la collaboration et de la subordination, ce qui le rend capable d'un autre genre d'association. Mais cette association nouvelle a son principe ailleurs. L'homme est capable d'activité extérieure, matérielle, productrice ; cette activité, ce sont d'abord les besoins égoïstes ou domestiques qui la mettent en jeu. Mais, comme il n'y a pas d'activité vraiment efficace sans division du travail et sans collaboration, il était inévitable qu'en se développant et se compliquant cette collaboration débordât la famille et provoquât la formation de sociétés plus vastes et unies par d'autres liens. Sur les conditions de l'institution et des progrès de cette division du travail d'où naît la société politique, Comte se montre assez peu explicite. C'est elle, dit-il, « qui constitue principalement la solidarité sociale et qui devient la cause élémentaire de l'étendue et de la complication croissante de l'organisme social ». C'est elle aussi qui nécessite l'établissement d'une force coordonnatrice des efforts dispersés des collaborateurs : cette force, c'est le gouvernement. Aussi la division du travail suscite et le gouvernement maintient l'organisation sociale, qui enveloppe ces petites sociétés rudimentaires que sont les familles. Plus tard, dans sa *Politique*, Comte découvrit que l'intelligence est un principe d'association au même titre que le sentiment ou l'activité. Les hommes peuvent être unis en une foi commune.

Il y a une société religieuse dont la considération n'est pas moins essentielle à l'intelligence de la vie sociale que la considération de la société politique ou du groupement familial. Mais A. Comte reste persuadé, même au temps où il fonde la religion de l'Humanité, que la société politique est l'organisation essentielle qui enveloppe de droit en ses lois la société religieuse et les sociétés familiales. — Ce qui résulte de ces considérations sommaires, c'est que la société est un fait naturel et nécessaire, et que toutes les facultés de la nature humaine contribuent, en se développant, à l'étendre et à en resserrer les liens.

C'est encore en conséquence d'un instinct fondamental de la nature humaine que les sociétés se transforment d'âge en âge. Cet instinct n'est pas, comme on l'a parfois prétendu, le désir du bonheur, car on ne peut assurer que le bonheur des hommes aille croissant : il dépend d'un rapport, qui peut être fixe ou irrégulièrement variable, entre leurs besoins et les conditions extérieures de leur vie. Ce qui suscite le mouvement social, c'est vraiment un instinct désintéressé de perfectionnement : la tendance à déployer, à mettre en lumière, à faire prédominer les facultés vraiment humaines sur les instincts animaux. De cet effort spontané, qui redouble la force de nos facultés, naissent les développements de la vie humaine et les progrès de la société. Ce progrès comporte autant de formes et de lois fondamentales qu'il y a en nous de facultés distinctes. L'intelligence passe de l'état théologique à l'état métaphysique, pour arriver enfin à l'état positif. La sociabilité, bornée d'abord à la famille, s'étend à la cité, puis à l'humanité, où elle trouve son objet définitif. Enfin l'activité extérieure, d'abord conquérante, devient défensive, avec le règne des légistes, et enfin industrielle. Ces trois formes du progrès sont d'ailleurs solidaires, et c'est le progrès intellectuel qui entraine et règle les deux autres. Toute l'histoire s'explique par leur combinaison. — Il importe de remarquer que le progrès, sous ses diverses formes, n'est pas le résultat de causes extérieures à la nature de l'homme et aux lois immanentes de sa vie. Les diverses phases n'en sont pas produites successivement par les circonstances ou les milieux que traverse l'humanité ; elles naissent les unes des autres. Comte conçoit « chacun de ces états consécutifs comme le résultat nécessaire du précédent et le moteur indispensable du suivant, selon le lumineux axiome du grand Leibniz : le présent est gros de l'avenir ». Les causes extérieures, climat, situation géographique, événements historiques, ne peuvent produire que des perturbations passagères : elles ralentissent ou précipitent le cours naturel de l'évolution humaine. Leur rôle consiste à spécifier, à diversifier les états de civilisation produits selon les lois immuables du progrès ; car la même forme de pensée, de sentiment ou d'activité que requiert à un certain moment la loi du développement humain peut s'appliquer à d'autres actions, à d'autres conceptions, et s'exprimer, par suite, par d'autres institutions selon la variété des milieux. La considération des causes externes est donc le fondement de l'explication concrète de l'histoire humaine ; mais elle

ne sert de rien pour en déterminer les lois abstraites et générales. Cela revient à dire que l'humanité est autonome ; elle ne se donne pas sa loi,
si l'on veut, mais elle la porte en elle et la suit im-
muablement, quoi qu'il en soit du monde où elle se
développe. Après cela, Comte a beau se défendre
d'être fataliste et rappeler que les phénomènes les
plus complexes s nt les plus modifiables ; notre
volonté, suscitée par es circonstances, ne peut être
qu'une de ces causes xtérieures qui ne sauraient
faire dévier l'histoire u son cours et dont l'action
se borne à en retarder ou à en activer la marche.
— Ce serait maintenant une autre question de
savoir si, dans la pensée de Comte, ce développement nécessaire de la vie sociale mérite le nom
de progrès. Tout d'abord son système se présente
comme un optimisme relatif. Comte ne dit pas
seulement que chaque époque a les institutions
qui étaient alors nécessaires en fait, c'est-à-dire
inévitables. Il affirme que, puisqu'elles se sont
produites et dans la mesure où elles se sont mainte-
nues, elles répondaient à des besoins réels et, par
conséquent, étaient bonnes. C'est pourquoi il pro-
teste contre Condorcet et tous ceux qui méprisent
et répudient le passé. Il ne se propose pas seulement d'expliquer, mais de légitimer les formes
antérieures de la civilisation. Mais, s'il en est ainsi,
si les institutions de chaque époque sont bonnes
pour elle, il serait évidemment absurde de comparer les unes aux autres les institutions d'époques
différentes, en se demandant lesquelles valent
mieux. L'idée d'un progrès social est donc dénuée
de sens : tous les états de civilisation se valent, cha-

cun ayant eu à son tour sa raison d'être et ayant
rendu les services que réclamait l'âge de l'humanité. Bien que cette conclusion résulte implicitement, mais nécessairement, des principes de Comte,
il croit au progrès, à un perfectionnement graduel
de l'humanité et de la vie sociale. Il ne pense pas
que notre temps ne vaille ni mieux ni moins que le
passé, mais il est persuadé de la supériorité de la
civilisation, de la science et de la philosophie positives. La fatalité qui nous gouverne n'est donc pas
seulement capable d'un bien relatif approprié ap-
proximativement aux besoins successifs de l'humanité : elle vise, sans d'ailleurs pouvoir l'atteindre,
à un bien qu'il faut, malgré les répugnances du
positivisme, appeler absolu. Tout ce que peut faire
Comte pour rester dans le relatif, c'est de déclarer
que le perfectionnement de l'humanité n'est pas
sans terme et que les limites en sont fixées dès
l'origine par la constitution de l'homme. Peut-être
ces deux thèses, — négation du progrès social,
affirmation d'un perfectionnement réel de l'humanité, — ne sont-elles pas inconciliables. On pourrait dire que les formes sociales ne sont jamais
bonnes, sans doute, que relativement à tel état du
développement de la pensée humaine, mais ces
états, pris en eux-mêmes, peuvent n'avoir pas la
même valeur. Il est bon que l'enfant soit ce qu'il
est, mais il vaut mieux être un homme qu'un enfant. Seulement, Comte ayant négligé de s'expliquer sur ce point, une fois de plus sa pensée reste
indécise.

V

LA MORALE POSITIVE.

La sociologie rend possible la morale, qui en est l'application la plus importante. C'est ici le point le plus confus d'un système où les confusions ne manquent pas. Les idées de Comte sur les devoirs de la vie, sur ce qu'on appelle la morale pratique, sont un peu sommaires, mais assez nettes. Ce qui est obscur, c'est la manière dont il entend les déterminer et les justifier. Les opinions de Comte sur la science morale et le problème moral sont extrêmement vagues. C'est donc là ce qu'il faut préciser d'abord, avant d'énoncer les principes sur lesquels il fonde la pratique morale ou de rappeler les principales applications qu'il en indique.

1° L'objet de la morale et sa place dans le système. -- C'est bien tardivement que A. Comte a reconnu la nécessité de faire de la morale une science spéciale. Dans les conclusions du *Cours* ou dans le discours préliminaire sur l'ensemble du positivisme, il se contente de déclarer que cette doctrine, entendue soit comme une méthode universelle, soit comme une vue générale du réel, est capable d'exercer une action morale et de contribuer à maintenir ou à diriger les volontés dans le sens du bien. S'il en vient à concevoir la nécessité d'une discipline spéciale de la pratique, il conçoit la morale comme une sorte d'art, comme l'en-

semble des moyens à employer pour inculquer aux
hommes, et d'abord aux enfants, de bons sentiments et de bonnes habitudes : c'est l'art de l'éducation. Il suppose connu et accepté le Bien ou
l'Idéal pratique dont la détermination est l'objet
de ce qu'on appelle communément la morale : il
ne croit devoir chercher que les moyens d'y plier
l'homme. Il est vrai que l'art de l'éducation suppose à son tour la connaissance de la nature individuelle de l'homme, envisagé dans son caractère
et son tempérament. D'où la nécessité d'une étude
de l'homme distincte de cette étude générale de
l'humanité qui constitue la sociologie. C'est pourquoi, dans sa *Politique*, Comte déclare que la
Morale doit être divisée en deux parties, l'une
théorique, qui est, au fond, la psychologie, principe de toute action pédagogique, — et l'autre pratique, qui est la pédagogie, comprise comme la
théorie exclusive de l'éducation morale. Mais, de
toute façon, on peut dire que Comte n'a jamais envisagé la nécessité ou la possibilité de ce que nous
nommons la morale théorique, c'est-à-dire d'une
spéculation sur le Bien et les Devoirs. Ce que la
systématisation de la vie morale requiert en fait de
théorie, la sociologie le fournit spontanément sans
qu'il y ait lieu à une recherche spéciale. Il en est
donc de la morale de Comte comme de sa philosophie du réel : elle est sous-entendue, ou plutôt
éparse, dans toute son œuvre, et, à cause de cela,
elle reste flottante en ses contours et assez peu
définie en sa méthode ou ses principes. C'est aux
commentateurs à la dégager et à la systématiser.

Si l'on cherche dans les écrits de Comte une

réponse à ces questions capitales : d'où vient qu'il
y a pour l'homme un idéal pratique et des devoirs? —
pourquoi cet idéal est-il ceci plutôt que cela, amour
d'autrui plutôt qu'égoïsme ? — on est tout étonné
de voir que Comte y répond implicitement de deux
façons assez différentes, dont l'une est tout à fait
en accord avec l'inspiration générale de son œuvre,
tandis que l'autre répond bien plutôt à son caractère et à ses habitudes de pensée systématique
et constructive. D'une part, — et c'est en quoi
se manifestent les tendances éminemment ratio-
nalistes de son esprit, — il lui paraît naturel et
nécessaire d'agir conformément à ce que l'on sait
de la nature des choses et de sa propre nature. Il
y a une organisation *normale* des sentiments et de
la vie : c'est celle qui est en accord avec les lois
constantes de notre constitution. C'est cette organisation qu'il s'efforce de déterminer, lorsque, dans
son *Système de politique*, il étudie à nouveau et
d'un point de vue pratique la statique sociale.
Conformément à cette vue, si naturelle qu'il ne
prend pas la peine de l'exprimer, les lois détermi-
nées par la sociologie deviennent spontanément,
pour tout esprit sain, des règles de conduite. Cette
transformation est si bien spontanée et inévitable
qu'elle ne requiert ni l'intervention des philosophes,
ni la constitution d'une spéculation spéciale : la
sociologie se prolonge naturellement en art de
vivre, en technique de l'action morale ou politique.
C'est ce qui explique que déjà, dans l'exposition
de la statique, au quatrième volume du *Cours*,
Comte traite encore plus de ce que la société doit
être que de ce qu'elle est. A ce premier point de

vue, est bon ce qui est normal et l'obligation pratique n'est que la nécessité inhérente à l'homme
raisonnable d'agir selon les jugements de sa raison.
— D'autre part, — et voici en quoi l'inspiration du
système prend le dessus sur le caractère du pen-
seur, — c'est un dogme fondamental du positivisme que l'homme ne choisit pas sa destinée :
l'humanité se développe selon des lois fatales ;
elle n'a pas à chercher où elle doit aller, mais à
constater à chaque instant, ou à prévoir, d'après
l'expérience du passé, où elle va nécessairement.
C'est à la politique que Comte applique d'abord
cette vue. Mais c'est elle aussi qui explique que,
nulle part dans l'œuvre de Comte, le problème
moral ne soit posé dans les termes traditionnels.
Comme la science naît spontanément du développement du bon sens, les méthodes n'étant que la
systématisation de la raison naturelle, ainsi naît
en nous spontanément la moralité : par l'effet des
dispositions de notre nature, nous nous portons
vers un but qui nous paraît plus beau et plus noble
que tout autre ; l'intention d'y arriver suggère des
procédés et des règles appropriés : ainsi s'établit
ce que Comte appelle la morale spontanée. Le
philosophe la constate et ne la juge pas : il voit où
se porte l'humanité, ce qu'elle veut et juge bon, et
il l'admet lui-même comme tel. Il en détermine
seulement les moyens. Sa tâche est double. Elle
consiste d'abord à expliquer théoriquement la
morale spontanée, puis à chercher quelle organisation de la vie, quelles règles ou précautions
réaliseraient plus sûrement ce que l'humanité se
propose comme son bien. Ici encore, c'est à la

sociologie qu'il appartient de montrer quelle est,
en fait, la règle pratique qui dirige l'évolution
morale de l'humanité et son influence progressive
sur la discipline intérieure ou l'organisation extérieure de la vie. C'est ensuite affaire de pédagogie
que de déterminer les obligations qui en résultent
à l'heure présente et les moyens de les rendre efficaces. — Ces deux conceptions s'entremêlent dans
l'œuvre de Comte sans que l'on puisse dire quelle
est celle qui domine et se subordonne l'autre. Mais
la doctrine de Comte a beau être indécise et équivoque en sa forme générale, — ce qui ne pouvait
manquer d'arriver en un système où les questions
sont résolues sans avoir été posées, — il est deux
points sur lesquels ce philosophe s'est montré très
nettement affirmatif. Tout d'abord, Comte a
reconnu, dès qu'il est arrivé à la pleine conscience
de son œuvre, que la tâche la plus importante et
la plus urgente, c'est la réorganisation de la vie
morale et qu'il y a lieu, par conséquent, de constituer
une morale et d'en faire le principe régulateur de
toutes les autres sciences. Nul philosophe, pas
même Platon, n'a affirmé plus énergiquement et
avec moins de réserve que la moralité est la seule
chose nécessaire. D'un autre côté, Comte ne comprend pas que l'on puisse hésiter à reconnaître le
principe de la vie morale. C'est pourquoi, lorsqu'il
affirme l'altruisme et définit par là la moralité, il
lui paraît aussi inutile de le prouver que d'écarter
les autres doctrines. C'est assez de ces deux points
fixes pour définir une orientation morale et pour
permettre d'esquisser une morale pratique.

2° **Le principe moral : l'altruisme.** — On

sait quelle est pour Comte la fin et la règle de la
vie : c'est l'altruisme. Vivre pour autrui, voilà la
loi. Cela ne veut pas dire que l'on doit s'attacher à
certaines personnes. Ces inclinations sont sans
doute légitimes, ou même elles sont, en leur fond,
le sentiment moral lui-même. Mais il appartient
à la raison d'en déterminer l'application dernière
et suprême, dont les autres ne sont que la préparation. L'objet éminent de l'affection et du
dévouement qui constituent la vie morale, c'est
l'humanité. — L'altruisme est la loi de la vie,
parce qu'il est le penchant dominateur de l'âme
humaine, celui que tout le progrès de la civilisation
a eu pour effet d'exciter, d'étendre et de fortifier, et
qui tend toujours de plus en plus, non sans doute
à supprimer l'égoïsme, mais à le dompter définitivement. Le dévouement à l'humanité apparaît
donc comme le terme naturel du progrès sentimental. Le moraliste, instruit par l'histoire, constate le sens dans lequel l'humanité se développe ;
il essaie de comprendre les raisons de cette orientation spontanée avant d'en régler systématiquement l'exercice en vue de lui conférer une plus
complète efficacité. Il détermine notamment les
causes qui font prévaloir l'altruisme et qui l'érigent
en règle ; après quoi, il en suit les progrès qui en
révèlent la vraie et dernière fin : sur l'un et l'autre
point, Comte abonde en intéressantes remarques.

Deux causes principales lui paraissent avoir
provoqué le développement de l'altruisme. C'est
d'abord le jeu naturel, l'action et la réaction spontanées de nos penchants et des circonstances.
C'est ensuite la réflexion et le progrès de l'intel-

ligence. La sociabilité est un instinct primitif,
mais d'abord assez faible, beaucoup plus en tout
cas que les tendances intéressées. Elle se développe par l'exercice de la vie en commun, domestique ou sociale. Ce mode d'existence, à la faveur
duquel se fortifie le penchant social, est maintenu,
sinon suscité, par des instincts égoïstes. C'est un
instinct égoïste, l'amour, qui est le principal facteur de l'association fondamentale d'où naît la famille. C'est un autre instinct égoïste qui suscite
la division du travail, par laquelle sont étendus et
resserrés les liens sociaux. Mais la famille et la
cité n'en sont pas moins une école d'altruisme. Il
se trouve ainsi que nos tendances intéressées
favorisent le développement de cet autre penchant,
qui est appelé à les dominer. La nature nous
achemine donc d'elle-même à vivre non seulement avec autrui, mais pour autrui. C'est pourtant
la raison qui est le principal facteur du progrès
moral. Il y aurait lieu, semble-t-il, de distinguer
deux formes de cette action morale de la raison et
des connaissances qu'elle systématise. D'une part,
elle nous apprend que toutes choses sont soumises à des lois nécessaires, auxquelles notre
volonté ne saurait passer outre. Ainsi, elle nous
détermine à modérer et à ordonner nos sentiments,
et elle nous détourne de nous laisser aller à nos
désirs, quels qu'ils soient. Il y a donc là une discipline qui refrène les instincts égoïstes en nous
obligeant à tenir compte, dans nos décisions,
d'autre chose que de notre bon plaisir ou de notre
intérêt. Si l'altruisme n'est pas directement excité
par cette connaissance des lois, encore profite-t-il

de tout ce que perd l'instinct opposé de complaisance aveugle à soi-même. Mais surtout l'homme, à mesure que sa science s'étend, comprend mieux sa nature et les conditions de la vie humaine, dont la première et la principale est la société. Il se rend compte, notamment, du vrai rapport de l'individu à l'organisme social. Il apprend ainsi la nécessité de la subordination, et cela achève de refréner l'égoïsme et d'assurer la prépondérance des sentiments sociaux. C'est parce que, mieux que toute autre doctrine, le positivisme a reconnu et mis en lumière l'étroite subordination de l'individu à la société, qu'il est plus apte que toutes les métaphysiques à fortifier le sens moral naturel et à fonder systématiquement la moralité et l'éducation morale.

Le même progrès, qui a rendu l'altruisme prédominant et en a fait la loi spontanée de la vie, en a aussi déterminé le véritable objet. C'est dans la famille que l'altruisme se développe d'abord, et c'est là que primitivement il trouve sa fin. C'est dans la cité qu'il s'exerce ensuite et trouve son application : le patriotisme a été, pour bien des nations, le principe moral par excellence. Mais enfin l'homme a appris à porter ses regards au delà : la philosophie positive a démontré l'unité et la continuité de l'humanité, enveloppant tous les peuples en son développement; c'est désormais vers l'humanité, envisagée dans la continuité de son existence, que se portent nos affections. Ici l'altruisme atteint son terme et s'attache définitivement à son idéal. Le principe moral suprême est enfin trouvé : il n'y a plus qu'à l'appliquer.

3° La pratique morale. — Il serait difficile
d'exposer ici, avec un détail suffisant, les vues de
Comte sur la pratique morale. Cependant plus
d'une mériterait d'être connue et retenue. Conformément aux divisions de la statique sociale, qui
sert de cadre à son système moral, Comte répartit
les règles morales en trois groupes, dont les unes
concernent la vie personnelle, d'autres la vie
domestique et d'autres, enfin, la vie sociale.

Relativement à la morale personnelle, Comte
n'innove rien : il recommande simplement les
vertus traditionnelles. Mais, sans rien prescrire
de neuf, il n'en a pas moins la prétention de «régénérer totalement la morale personnelle», en la
pénétrant d'un nouvel esprit. D'abord il ne veut
pas que l'on fonde les vertus privées sur la pru-
dence, ni, davantage, sur des raisons métaphysiques. C'est uniquement pour se rendre mieux
propre au service des autres qu'il faut être tempé-
rant, chaste, courageux, etc... C'est l'amour de
l'humanité qui doit régler notre vie la plus intime.
La signification et le prix des vertus personnelles
tiennent d'abord à ce qu'elles sont des moyens
efficaces de maîtriser l'égoïsme et d'exercer à
l'abnégation : car voilà l'idéal intérieur. La mortification, l'ascétisme nous préparant à l'oubli de
nous-mêmes, nous nous mettrons sans arrière-
pensée au service d'autrui. Mais Comte ne pense
pas que toute la moralité personnelle se résume à
la mortification. Sans jamais s'expliquer systématiquement sur ces questions, il est des passages
de ses écrits où il semble bien considérer comme
un devoir pour chaque homme de cultiver ses

facultés de tout ordre et de se donner autant de qualités ou d'aptitudes que sa nature le comporte. Même, en ces passages, il joint au motif moral essentiel, l'amour de l'humanité, un motif d'un autre ordre, le sentiment de la dignité que nous confèrent notre qualité d'homme et notre place dans l'univers; chacun de nous, sans doute, est subordonné à l'humanité; mais en elle, et par elle, il est supérieur à la nature. Ainsi, tour à tour, Comte exalte et humilie l'homme : il le veut fort et soumis. Mais, de toute façon, il ne considère la moralité personnelle, — sur quelque mobile qu'elle se fonde, — que comme le moyen de la vie morale véritable.

Il en est encore de même de la vie et de la moralité domestiques. La vie de famille ne doit être qu'une préparation à la vie sociale : il faut donc que tout y soit organisé de manière à nous y rendre propres. Or l'individu n'est vraiment apte à la vie sociale qu'autant qu'il sait à la fois obéir et aimer. C'est pourquoi, dans la famille, il y aura un pouvoir incontesté, celui du père, maître absolu des choses familiales et n'en devant de comptes à aucun des siens. Mais, à côté de lui, une autre personne exercera tous les membres de la famille à l'affection et représentera spécialement l'influence morale, la force inspiratrice du dévouement : c'est la femme. En un sens, « il faut concevoir la famille comme destinée à développer dignement l'action de la femme sur l'homme ». « Le caractère nettement égoïste de l'activité extérieure ne saurait être convenablement transformé sans cette douce influence continuellement

émanée du sexe affectif. Comme mère d'abord, et
bientôt comme sœur, puis comme épouse surtout,
et enfin comme fille, et accessoirement comme
domestique, sous chacun de ces quatre aspects
naturels, la femme est destinée à préserver
l'homme de la corruption inhérente à son existence
pratique et théorique. » Aussi la femme doit-elle
être dégagée de tout souci matériel. Elle ne doit
rien posséder pour n'avoir pas d'attachement à
son bien ; mais c'est à l'homme, époux, père ou
parent, à subvenir à ses besoins. Sa fonction est
d'élever les enfants ou même de les instruire
jusqu'à l'adolescence, afin de les pénétrer profondément de sa bienfaisante influence. Tout, dans
l'organisation de la famille, doit être subordonné
à cette fin éducative. C'est ainsi, par exemple, que
l'amour entre époux doit devenir un moyen de
perfectionnement mutuel. C'est pour la même raison que le père doit être laissé libre de disposer,
à sa mort, de tout son bien et de l'ôter à ses enfants, afin qu'aucune prévision d'intérêt personnel
ne vienne troubler leur apprentissage de la fraternité sociale.

Mais enfin le vrai milieu de l'activité humaine
et le véritable objet de la moralité, c'est la société.
Car cette idée domine toute la morale, et plus particulièrement toute la morale sociale de Comte,
que l'individu n'est pas la fin, mais le moyen de
la vie sociale. Aussi n'a-t-il pas de droits. « L'idée
du droit est fausse autant qu'immorale, parce
qu'elle suppose l'individualité absolue. » Il est
faux, en effet, de supposer que l'individu ait une
valeur propre et qu'il puisse, de sa propre autorité,

exiger quoi que ce soit et se faire centre par rapport au milieu social. Il n'a d'existence que par le
concours de tous, et c'est de la société qu'il tient
tout ce qui lui donne quelque valeur. L'idée de
droit est d'ailleurs immorale autant que fausse,
parce qu'elle est un principe au nom duquel l'individu se tient en état de révolte constante contre
toute discipline sociale. Ce n'est pas que Comte
dénie toute valeur à l'individu. Il lui reconnait un
droit au respect ou même à des services déterminés. Mais ces droits, l'individu les tient de la
fonction qu'il remplit dans la société et des services
qu'il rend lui-même à l'humanité. Ce sont ses devoirs qui lui confèrent des droits, toujours limités
et révocables. Ce sont donc les devoirs qu'il convient d'abord et essentiellement de préciser. La
philosophie positive se propose, selon la formule
devenue célèbre, « de remplacer la discussion
vague et orageuse des droits par la détermination
calme et rigoureuse des devoirs respectifs ». C'est
à l'intérêt de l'humanité, tel que le comprennent
les hommes compétents, à décider du rôle de chacun dans la vie sociale, de sa position, de ses
devoirs et, par suite, de ses droits. — Cette négation du droit, ou du moins ce refus de le considérer
comme la première donnée de la morale sociale,
entraîne de très graves conséquences. L'individu
n'est pas admis à se considérer comme libre, sous
la seule réserve de ne pas porter atteinte aux
intérêts des autres. Il ne lui est pas permis moralement, — ni sans doute socialement, — de décider
de l'emploi de sa vie et de ses facultés d'après ses
convenances personnelles. C'est de tout son être

qu'il doit compte à la société, et cette obligation,
de quelque façon qu'on l'entende, vise à supprimer
toute liberté. En vain a-t-on voulu pallier cette
doctrine tyrannique en remarquant que Comte
répugne à l'emploi de la force. Rien de plus vrai.
Mais, si tout état, toute situation, toute profession,
— même la situation de propriétaire foncier, —
doivent être considérés comme des fonctions sociales, l'individu doit donc être tenu pour responsable
socialement de tout ce qu'il fait et de tout ce qu'il
est : et il reste à savoir à quoi cette responsabilité
l'expose. D'abord à la censure du pouvoir spirituel,
ou même à l'excommunication qui, dans un milieu
de croyants, équivaut à la mort sociale, à la pros-
cription. Voilà ce qui attend quiconque use mal
de sa fortune ou ne met pas ses talents au service
de la société. On ne peut même assurer que
l'égoïste, le paresseux ou, en général, quiconque
ne pratiquerait pas la morale de Comte, serait à
l'abri des peines matérielles. Il est vrai que Comte
vise à les supprimer, tant il est persuadé de l'aptitude du régime positiviste à régénérer les cœurs.
Encore en subsisterait-il forcément quelques-unes.
Et n'est-il pas inévitable qu'en une société où les
chefs temporels auraient aux chefs spirituels la
confiance que nous avons à nos savants, ingénieurs
ou médecins, ils en viennent nécessairement à
considérer comme digne de peines afflictives toute
conduite reconnue par les hommes compétents
comme immorale et antisociale. Ainsi, en étendant
sur la vie tout entière le réseau des prescriptions
morales les plus impératives, et surtout en les fondant sur une subordination absolue de l'individu à

la société, on tend également à l'envelopper dans les liens de la tyrannie matérielle la plus insupportable.

C'est d'après ces principes scabreux que Comte détermine les règles morales de la vie sociale. Elles sont de deux sortes. Les unes concernent l'ordre politique : nous en parlerons tout à l'heure en indiquant les vues générales de Comte sur la réorganisation sociale. Les autres concernent les relations privées, qui, — la vie domestique étant mise à part, — se ramènent toutes à des rapports d'ordre économique : on sait, en effet, que, selon Comte, l'ordre social repose essentiellement sur la division et l'organisation du travail. Aussi les questions de morale économique sont-elles les seules sur lesquelles Comte se soit expliqué avec quelque netteté. Il s'arrête avec complaisance au problème des rapports du capital et du travail, et il le pose en termes assez nouveaux. Il refuse d'y voir, comme le font la plupart des économistes, un conflit d'intérêts individuels. Il y voit tout simplement un équilibre à établir entre deux fonctions sociales. Le capitaliste, en effet, est un fonctionnaire, dépositaire d'une partie des biens communs, dont il doit user, sous la surveillance des pouvoirs moraux de la société, en vue de l'intérêt général. L'ouvrier est également un fonctionnaire, le plus indispensable à la vie sociale et bénéficiant à ce titre d'une dignité particulière : le salaire qu'il reçoit n'est pas la rémunération de ses services, mais une indemnité pour son entretien. On ne peut donc admettre que les droits et les devoirs mutuels de ces deux fonctionnaires résultent d'un libre débat,

c'est-à-dire d'un marchandage égoïste, dans lequel
chacun tâcherait d'obtenir le plus grand avantage.
L'offre et la demande sont des procédés d'exploitation. Il y a un salaire juste et nécessaire : Comte
essaie d'en déterminer les conditions. Peut-être,
dans le désir d'assurer à l'ouvrier une vie plus
confortable et plus digne, perd-il un peu de vue
les ressources économiques dont peut disposer
notre société. Il n'est pas bien utile de rappeler
le détail, quelque peu chimérique, de ses près-
criptions. Il suffit d'avoir indiqué l'esprit dans
lequel, selon Comte, doit être envisagée la question
sociale.

On ne comprendrait pas tout à fait la doctrine
morale de Comte si l'on ne soupçonnait pas que
l'altruisme n'en est peut-être pas le dernier mot.
Quelques-unes de ses expressions révèlent une
arrière-pensée dont il n'a pas lui-même conscience
et qui surperpose à son système explicite, s'inspirant plus ou moins des Écossais, un rationalisme
implicite qui rappelle Descartes et, par-delà
Descartes, les Stoïciens. Remarquons d'abord
combien est devenue prédominante ou obsédante,
dans l'esprit de Comte, la préoccupation de systématiser la vie. Il est visible que ce qui, de plus en
plus, lui semble nécessaire avant tout, c'est l'ordre
intérieur, la discipline, la pleine possession de soi-
même. C'est cette systématisation qui requiert une
règle unique, un sentiment dominateur. Comte
croit avoir trouvé cette règle et ce sentiment dans
l'amour de l'humanité. Il subordonne l'homme à la
société pour mettre l'ordre en lui ; il veut, selon sa
propre expression, « consolider le dedans en le

liant au dehors ». De sorte qu'au fond le premier
et le vrai bien, ce serait l'ordre, l'unité, le parfait
accord avec soi-même, en vue duquel seul est
nécessaire l'accord avec les choses, et particulièrement avec l'humanité. De même, lorsque A. Comte
nous explique que ce qui discipline l'homme, c'est
l'intelligence des lois nécessaires auxquelles la
nature est soumise, quand il voit ainsi dans l'ordre
de la nature « le frein universel » et, dans la
connaissance que nous en prenons, le principe
pacificateur de la vie intérieure, ne nous fait-il pas
penser aux vues des Stoïciens sur l'ordre nécessaire du monde et la sérénité où le sage s'élève en
l'acceptant ? Par ces traits et par d'autres répandus
çà et là, la morale de Comte, à quelque principe
extérieur qu'elle vienne secondairement se rattacher, est profondément rationaliste en son inspiration, et c'est encore un de ces points où le caractère du philosophe prévaut sur ses principes.

VI

LA RELIGION DE L'HUMANITÉ.

Nous venons d'exposer la morale de Comte
telle qu'elle s'est d'abord développée spontanément
dans son œuvre, sous la double influence de son
caractère personnel et de ses idées sur la nature
et les conditions de la vie humaine. Mais, avant
même d'avoir atteint le terme de son développement, cette morale est venue se rattacher à une
conception plus large et plus haute de la vie

humaine et de son principe : elle s'est incorporée
à la religion de l'Humanité. L'économie intérieure
de la morale positive n'en a été d'ailleurs nullement
modifiée. Elle propose toujours la même fin et
édicte les mêmes préceptes. Mais le principe pratique y est envisagé d'un point de vue nouveau,
destiné à lui conférer une grandeur et une efficacité incomparables. Les préceptes, à leur tour, y
reçoivent l'appui du culte, c'est-à-dire d'un système
de pratiques, privées ou publiques, destinées à
entretenir et à exalter la moralité intérieure. Ainsi
la religion achève la morale et ajoute à son
autorité, en même temps qu'elle la coordonne aux
autres disciplines de la vie.

1° **L'idée positiviste de la religion.** — Nous
avons déjà montré que l'institution d'une religion
n'avait rien de contraire à l'esprit de la philosophie
positive, du moment que l'on s'oblige à en prendre
le principe dans le domaine de l'expérience. Cette
invention n'est pas plus ridicule qu'elle n'est contradictoire. Nous pensons, au contraire, que l'intention en est raisonnable et légitime, si l'exécution a
pu laisser beaucoup à désirer. Il suffit, pour s'en
convaincre, de considérer ce qu'il faut entendre
par religion, et c'est un point sur lequel Comte lui-
même a présenté de très intéressantes remarques.

Comte définit d'abord la religion par sa fonction
et n'en considère qu'en second lieu les éléments ou
les conditions. Il y voit avant tout une discipline
de la vie ou plus profondément un état de l'âme.
C'est « l'état de pleine harmonie propre à l'existence
humaine, tant collective qu'individuelle, quand
toutes ses parties quelconques sont dignement

coordonnées ». C'est la subordination harmonieuse de tous les éléments de la vie à un même principe devenu l'objet commun de notre foi, de notre amour et de notre action. Elle est à l'âme ce que la santé est au corps : l'expression de la vie ample, riche, pleine et forte. La religion ainsi entendue se présente donc comme la synthèse des trois grandes disciplines au moyen desquelles se réalisent, avec leur maximum d'efficacité, nos trois facultés constitutives : La philosophie, — systématisation intellectuelle, — tente de ramener toutes nos connaissances, pour les rendre pleinement intelligibles, à l'unité d'un même principe. La morale, — systématisation sentimentale, — tente de réduire tous nos mobiles à la fonction de moyens ou d'auxiliaires d'un sentiment plus profond et plus noble. La technique enfin, — systématisation de l'action, œuvre rêvée toute sa vie par Comte et dont la politique n'est qu'une partie, — serait la coordination de toutes les entreprises et de toutes les inventions pratiques des individus ou des sociétés en vue d'un but unique et souverain. Chacune de ces systématisations partielles mettrait de l'ordre et de l'unité dans une partie de notre être ou de notre vie; mais notre existence resterait encore divisée. Il faut un effort de plus : il faut faire en sorte que le principe conçu par la philosophie comme la raison suprême soit aussi l'objet du sentiment régulateur et le but où convergent tous les efforts de l'activité humaine. Si l'on peut réaliser cette unification, toutes nos facultés jouant désormais ensemble, s'appuyant l'une l'autre et se redoublant par leur convergence, nous nous élèverons nécessairement à une forme d'existence intense et harmonieuse, qui serait assurément l'idéal de la vie. Il se peut bien que les fondateurs des premières religions ne se soient pas assigné ce but en élaborant spontanément les croyances fétichistes ou polythéistes; mais, en fait, c'est la fonction que leurs religions ont remplie durant des siècles et à laquelle il faut aujourd'hui trouver systématiquement d'autres organes. C'est ainsi que Comte, conformément à l'esprit général de sa doctrine, va procéder théoriquement à la refonte et à la reconstruction de l'organisation religieuse de la vie humaine. C'est de quoi nul philosophe ne peut le blâmer, si l'on remarque que c'est l'instinct, ou mieux la nécessité fondamentale de la vie que tout principe proposé comme règle suprême de l'action tende toujours à se transformer en un objet d'adoration : nous voulons qu'il soit à quelque titre le principe de l'être aussi bien que le but de notre volonté. En fondant la religion de l'Humanité, Comte s'est donc très légitimement et très sûrement placé au centre de la vie humaine, et jamais il ne s'est montré plus philosophe qu'au moment où il paraît, à de superficiels commentateurs, abandonner la méthode philosophique.

Nous ne pouvons qu'indiquer ici comment Comte procède à la recherche des conditions d'une vraie religion. Il faut, — c'est la première condition, — que l'homme se sente soumis à quelque puissance qui le dépasse et lui impose sa domination, sans l'en accabler. La philosophie a pour tâche de découvrir cette puissance suprême. Mais il faut aussi, — seconde condition, — que nous sentions en nous, modérant et réglant nos sentiments comme la puissance extérieure limite et refrène notre action, une tendance prévalente, un amour dominateur. Il faut enfin, sinon la discorde régnerait dans notre vie, que la puissance extérieure et la tendance intérieure agissent dans le même sens, ou plutôt que la première soit l'objet de la seconde. Il est nécessaire, en d'autres termes, que ce qui nous domine sans conteste, ce soit ce que nous aimons par-dessus tout. Or, rien ne nous garantit *à priori* que cet accord doive se produire. On n'aime pas nécessairement le joug que l'on subit. Et la vérité est que l'homme, par nature, ne peut aimer par-dessus tout que l'humanité. Il appartenait au positivisme de découvrir que cette humanité est aussi la puissance extérieure dont nous dépendons immédiatement, toute autre puissance supérieure, théoriquement concevable, étant pour nous comme inexistante, puisque nous ne pouvons la connaître. Le positivisme réalise donc seul les conditions d'une vraie et efficace religion, et il est naturel qu'il en prenne la forme et en remplisse la fonction. Il s'y montrera supérieur aux anciennes théologies. Faisant de la puissance suprême un Dieu étranger à la nature et à l'homme, elles rendaient impossible l'accord de la pensée et du sentiment, car notre amour ne peut s'élever si haut. Les théologiens n'avaient remédié à ce défaut que par des artifices, — tels que le dogme de l'incarnation, — qu'une raison plus éclairée a désormais percés à jour. C'est pourquoi il faut admettre la religion positive ou renoncer à toute religion.

Il se peut, et c'est assez notre avis, que A. Comte

se soit trompé en substituant, dans ses conceptions religieuses, la notion de l'Humanité à l'idée de Dieu. Mais, vraies ou fausses, ses idées sur ce point sont singulièrement intéressantes et suggestives. Car, dans cet effort pour instituer la *religion démontrée* et pour définir les dogmes, Comte est conduit à compléter sa philosophie, qui n'était qu'une esquisse flottante, et à restaurer dans le plan et dans l'esprit du positivisme les croyances constitutives de ce qu'on nomme la religion naturelle : Dieu, la spiritualité de l'âme, l'immortalité.

2° **Les dogmes de la religion positive.** — L'Humanité est appelée à remplacer Dieu. Sans doute, Comte ne la conçoit pas comme le principe des choses, au sens de cause efficiente. Il serait évidemment absurde de lui attribuer la formation d'un monde où elle n'a que sa place et aux lois duquel son existence et son développement se trouvent étroitement subordonnés. Mais, outre que c'est vers la réalisation de l'Humanité que converge la complication progressive des phénomènes, par rapport à nous, — et c'est d'après cette relation que doit se constituer une philosophie positive, — l'Humanité est la puissance dont nous dépendons directement et absolument. C'est d'elle que chacun de nous reçoit ses idées, ses sentiments et les moyens extérieurs de son bonheur. Elle est notre vraie Providence. Interposée, avec ses inventions accumulées, entre la nature et nous, elle nous protège contre l'action indifférente et brutale des choses, et elle nous prépare un avenir meilleur. Si elle n'a pas créé les matériaux qu'elle élabore et qu'elle ordonne pour notre bien, son

« affectueux ministère » les rend seul vraiment propres à notre usage. Accessible à notre amour aussi bien qu'à notre connaissance, elle peut être l'objet de notre reconnaissance et de notre bonne volonté. Entre elle et nous peut s'établir un commerce réel : c'est un Dieu à la portée de nos cœurs. Et, comme elle a du Dieu des théologiens la bonté prévoyante et dévouée, elle a quelque chose aussi de sa grandeur et de sa majesté. Se déployant dans le temps et dans l'espace, elle dépasse infiniment nos individualités périssables : elle est vraiment l'Être, le Grand Être, comme la nomme A. Comte. Mais ce n'est pas un être immobile : l'Humanité est vraiment le Dieu vivant qui se fait de jour en jour et que l'on peut servir efficacement, puisqu'il résulte de nos efforts.

Toutefois on comprendrait mal la dignité que A. Comte attribue au Grand Être, si on le confondait avec la suite indéfinie des hommes. Il y a de tout dans l'Humanité, y compris la sottise et le vice; mais tout ce qui a vécu sous la forme d'homme n'est pas apte à faire partie du Grand Être. L'homme qui n'a vécu que pour lui disparaît tout entier; mais le génie ou la bonne volonté des vrais serviteurs de l'Humanité survivent impérissables. N'entendez pas par là seulement que leurs œuvres extérieures subsistent, les livres, les institutions, etc...; mais c'est leur âme, le meilleur d'eux-mêmes, — la mort éliminant tout l'individuel, c'est-à-dire l'imparfait, — qui revit dans les hommes d'aujourd'hui, leur donnant leur force et faisant leur grandeur. En nous se continue la vie de nos prédécesseurs : leur esprit nous hante pour notre

bien, et, de plus en plus, les vivants sont dominés
et gouvernés par les morts. C'est l'ensemble des
âmes ainsi survivantes qui constitue le Grand Être.
Il se forme donc peu à peu, mais il subsiste et ne
naît pas pour s'évanouir avec l'existence éphémère
des individus : de sorte qu'il est en quelque façon
au-dessus du temps, aussi bien qu'indépendant de
l'espace et même du nombre, puisque le génie d'un
grand homme disparu peut animer et éclairer à la
fois une pluralité indéfinie d'individus actuels dispersés dans les lieux les plus divers. On peut
dire mieux encore : il n'est pas jusqu'aux hommes
de demain qui ne puissent vivre déjà dans nos
rêves et dans nos désirs, comme la fin efficace de
notre bonne volonté qu'elle suscite et dirige. Il
semble donc que de plus en plus, dans l'imagination
de Comte, le Grand Être se distingue de l'Humanité réelle et physique. Enveloppant dans son
essence les formes les plus hautes, passées ou
futures, de la vie et du génie humain, il semble
se confondre avec ce qu'un disciple de Hegel eût
appelé l'*Idée de l'Humanité*. En tout cas, sans
prêter à Comte des intentions métaphysiques qui
n'étaient pas les siennes, nous devons constater
dans le développement de sa religion, dans l'intervalle du Discours préliminaire au second volume
de la politique et de ce second volume au quatrième,
un effort de plus en plus marqué pour idéaliser le
Grand Être et pour l'affranchir des limitations et
des imperfections de l'Humanité réelle. Le terme,
inaperçu, non visé, mais réel, de ce progrès serait
la transformation définitive de l'Humanité en une
Idée au sens platonicien ou hégélien.

Dans cet acheminement involontaire à un système de métaphysique transcendante, ce que Comte rétablit bien incontestablement, — logiquement ou non, peu importe ici, — c'est l'antique spiritualisme. Pour expliquer la nature du Grand Être, Comte est amené à distinguer deux modes de l'existence : la vie objective et la vie subjective. L'une est constituée par l'exercice des facultés morales sous la forme d'une individualité physique actuelle. Tout autant que dure cette existence, la vie morale est subordonnée aux imperfections de la personnalité physique : son efficacité, sa moralité sont bornées. Mais dans la mesure où un homme a su s'affranchir, par un effort moral, de l'égoïsme et du dilettantisme intellectuel, il mérite de survivre et il survit, en effet, non plus visible et distinct, circulant parmi les corps, mais incorporé aux individualités des hommes qui lui succèdent et qui représentent à leur tour l'Humanité éternelle. Telle est la vie subjective, succédant à la vie objective. Il ne faut pas entendre par là seulement que quiconque a bien mérité de l'Humanité survit dans la mémoire des hommes. C'est, en effet, ce qui arrive aux plus grands ; mais c'est là un surcroît d'existence subjective. La plupart subsistent anonymes, inconnus des hommes en qui leur esprit se conserve et s'exerce ; mais c'est bien la substance même de leur génie qui, affranchie de toute loi physique, se transvase, pour ainsi dire, de cerveau en cerveau, ou se répand à la fois dans tous. Quoi qu'il en soit des explications physiologiques de Comte et de son anatomie fantaisiste, il n'en arrive pas moins à cette conclusion, inattendue en un tel

système, que l'esprit, conçu comme le *consensus*
des phénomènes psychologiques, tout conditionné
qu'il soit par l'organisme, en est pourtant séparable
et capable de s'exercer successivement à la faveur
d'organismes différents. Tel est, en effet, le spiritualisme, où le spiritisme, qu'implique nécessairement la théorie positiviste de l'immortalité subjective.

3° **Le culte**. — Il nous suffit d'avoir ainsi indiqué à grands traits l'esprit et l'intérêt de la
religion positive. Nous ne pouvons que renvoyer
aux ouvrages de Comte pour le détail de ces
doctrines. On trouvera particulièrement, dans le
quatrième volume du *Système de politique*,
(ch. II), l'exposition des pratiques qui constituent
le culte approprié à la religion de l'Humanité.
Comte en distingue trois formes : le culte personnel, dont les pratiques (la principale est la prière)
exercent et manifestent la vénération de chaque
homme à l'égard des personnes qui représentent
pour lui la providence générale de l'Humanité : ce
sont les femmes qui sont ainsi nos « anges gardiens »
sous la triple forme de mère, d'épouse, de fille ; — le
culte domestique constitué par les neuf sacrements
destinés à marquer et à sanctifier les principales
époques de la vie ; — enfin le culte public, qui a
pour objet la glorification de l'Humanité, célébrée
tour à tour dans ses représentants historiques les
plus éminents. C'est à ce culte public que se rapporte l'institution du calendrier positiviste. L'ère
nouvelle prend son origine en 1789 ; les années y
sont divisées en treize mois de vingt-huit jours ;
chaque mois est mis sous l'invocation d'un grand

homme de premier rang, symbolisant tour à tour
les époques mémorables de l'histoire : Moïse,
Homère, Aristote, Archimède, César, saint Paul,
Charlemagne, Dante, Gutenberg, Shakespeare,
Descartes, Frédéric II, Bichat; enfin les semaines
et les jours ont aussi leurs patrons. Cette commé-
moration des grands hommes constitue ce que
Comte nomme le culte concret de l'Humanité. Il y
joint un culte abstrait destiné à glorifier les formes
ou les âges de la sociabilité humaine. L'un et
l'autre, d'ailleurs, comportent des fêtes que Comte
distingue en statiques et dynamiques. Il est inutile d'en donner le programme, que Comte établit
minutieusement, comme il fait d'ailleurs pour le
plan des temples dont il fixe à jamais le nombre,
la place et les dimensions. — Remarquons simplement que, si ce culte a été jugé, non sans quelque
raison, ridicule, ce n'est pas précisément parce que
c'est un culte. Seulement celui que Comte a ima-
giné a d'abord le défaut d'être artificiel, de ne répondre à aucun sentiment profond et général. Mais
peut-être est-ce dire simplement qu'il a le tort de
n'avoir pas réussi. Si nous partagions, avec les
disciples orthodoxes de Comte, *la foi démontrée*,
ces pratiques, sauf peut-être le détail trop minutieux
des prescriptions, nous paraîtraient sans doute
nécessaires et moralement fortifiantes. On pourrait se demander cependant si, même pour un
positiviste, au cas où il aurait gardé quelque liberté
d'esprit, ce culte n'aurait pas le défaut, qui est, pour
nous, rédhibitoire, d'être aussi peu en harmonie
que possible avec les habitudes morales de notre
temps. Comte renouvelle en bloc les pratiques

d'une religion près de vingt fois séculaire sans
songer que, tout extérieures et symboliques, elles
ne répondent plus ni à notre besoin de sérieux et
de recueillement intérieur, ni à notre goût de la
réalité directement aperçue et maniée. Pour
l'homme de nos jours, le culte se résout presque
entièrement dans les œuvres où s'exprime, de la
seule façon qui lui convienne, la foi profonde et
sincère.

VII

L'ORGANISATION SOCIALE.

C'est uniquement l'esprit de la politique de
Comte que nous allons indiquer ici, sans nous em-
barrasser du détail de ses prescriptions, que leur
minutie n'empêche pas d'être vagues. Ce sont
surtout les principes généraux de l'organisation
sociale qui peuvent nous intéresser ; quant au
régime qu'ils appellent ou justifient, un mot
suffira.

1° **Les principes de la politique.** — La politique de Comte est fondée, comme il convient, sur
les données de la sociologie. Deux sortes de principes la dominent et en inspirent toutes les considérations, dont les uns résultent plus directement
des analyses de la statique sociale, tandis que
les autres peuvent être considérés comme des
enseignements de la dynamique.

Le principe fondamental, — celui-là même qui
a suscité l'ensemble de l'œuvre de Comte, — c'est

que l'institution sociale ne saurait être l'œuvre arbitraire des citoyens ou des chefs. Les constitutions utiles et viables s'établissent d'elles-mêmes en conséquence de la nature constante de la réalité sociale, de ses lois d'évolution et des conditions historiques. On peut prévoir le terme le plus prochain où s'achemine la société ou l'humanité, et on peut lui en faciliter l'accession ; mais c'est tout. Il n'y a donc pas à délibérer sur la constitution idéale, mais à se rendre compte, à chaque moment, de la constitution effectivement ébauchée dans l'évolution spontanée d'une nation, pour l'achever systématiquement. — Au surplus, ces formes sociales successives, que la sociologie permet de prévoir, sont prédéterminées en quelque façon dans la constitution physique et morale de l'homme. Ce qu'on nomme progrès n'est que le développement, la réalisation ou l'affirmation de plus en plus nette d'un ordre ou d'une organisation fixe. C'est dire que le cours n'en est pas plus indéfini qu'arbitraire. La société est un être vivant et mobile ; mais mobile dans des limites et selon des lois fixes. Le progrès est lié à l'ordre et l'ordre au progrès, et c'est l'originalité revendiquée par le positivisme que d'allier dans sa formule ces deux notions entre lesquelles se croient obligés de choisir les politiques de profession, — les uns refusant tout progrès sous prétexte de respecter l'ordre constitutif de la nature et de la société humaines ; — les autres, sous prétexte de progrès, croyant possible ou nécessaire de tout bouleverser.

De ce principe général découlent quelques conséquences très importantes. Celle-ci d'abord, qu'il

n'appartient qu'aux hommes compétents de décider
des mesures qui conviennent à un état social donné,
et qu'il est sage, — entendez à la fois prudent et
moral, — de s'en remettre à eux du soin de
diriger la vie sociale, comme on s'en remet aux
médecins et aux ingénieurs en matière de santé ou
de travail industriel. Un malade raisonnable ne
s'avise pas de décider lui-même des remèdes qu'il
doit prendre. Il ne croit pas davantage qu'il lui
appartienne de déclarer laquelle des personnes qui
l'entourent peut faire fonction de médecin. De
même, dans une nation qui aurait sur la vie sociale
les idées saines que le positivisme s'efforce de
répandre, le premier venu parmi les citoyens ne
se croirait pas apte à décider par lui-même de
l'intérêt social. Il ne se croirait même pas apte à
désigner sûrement les hommes compétents à qui
il pourrait déléguer sa confiance et ses pouvoirs.
C'est dire, en d'autres termes, — et c'est une
autre conséquence du même principe fondamental,
— que le principe révolutionnaire de la souveraineté du peuple ou, ce qui revient au même, le dogme
de la liberté politique est une fiction métaphysique
dénuée de fondement ou même dangereuse. Car
elle n'implique pas seulement cette croyance erro-
née que les institutions dépendent uniquement ou
principalement de la volonté des citoyens ; elle
suppose, en outre, que chacun est fondé à vouloir
que la société soit organisée selon ses désirs ou
même en vue de ses intérêts, ce qui est une grave
erreur morale. La souveraineté du peuple n'est ni
un droit, ni un procédé pratique efficace. L'humanité, plus instruite, y renoncera spontanément.

A qui donc appartient normalement le pouvoir ? C'est encore une question à laquelle répond la statique sociale. L'association humaine a pour fin la pratique. Par là même, elle requiert un gouvernement qui combine et maintienne convergents les efforts des individus vers le but collectif. Mais l'union des individus dans une œuvre commune implique une certaine communauté d'opinions sur les fins ou les moyens de la vie, en même temps que l'organisation du travail requiert des conceptions théoriques régulatrices. Il faut donc que, à côté de la direction pratique et matérielle de la vie sociale, un autre pouvoir naisse et se développe dont la fonction sera d'élaborer et de répandre les systèmes de connaissances ou d'idées nécessaires à l'union ou à l'action commune des citoyens. Toute société normale implique deux pouvoirs dont la séparation et le concours sont les conditions de la prospérité sociale : le pouvoir temporel et le pouvoir spirituel. Comme l'avait très bien vu Montesquieu, toute la question politique se réduit à celle de la distinction et de l'équilibre des pouvoirs. Mais ce philosophe s'était trompé de deux façons. Méconnaissant le rôle des idées et des croyances dans la vie sociale, il n'avait pas vu la nécessité d'un pouvoir spirituel. Il n'avait pas vu non plus toute la portée du pouvoir temporel, dont il réduisait la fonction au maintien de l'ordre extérieur. Comte a la prétention, peut-être justifiée, de mieux comprendre les nécessités profondes de la vie sociale. Il refuse notamment de séparer la question sociale de la question politique, et il attribue au gouvernement, comme les socialistes, dont il est à

quelques égards très voisin, le soin de tous les
intérêts matériels. L'État doit être, ne fût-ce que
d'une manière indirecte, une sorte de providence.
Nous verrons tout à l'heure par où les conceptions
de Comte diffèrent de celles des socialistes ; ne
retenons en ce moment que l'idée fondamentale
des deux pouvoirs. Telle que la donne la statique,
cette idée est indéterminée. La statique, nous le
savons, est une science abstraite, qui ne détermine
que des cadres et des formes vides. C'est à la
dynamique de découvrir le contenu nécessaire des
formes sociales à chaque époque de l'histoire. C'est
à elle de nous apprendre ce que peuvent être
aujourd'hui ces pouvoirs, spirituel et temporel,
dont la statique nous dit seulement qu'ils sont
nécessaires et qu'ils doivent être exercés à chaque
époque par les hommes les plus compétents relativement à la fin sociale actuellement poursuivie.

La pensée et l'action de l'humanité, soumises à
des lois régulières d'évolution, s'exercent tour à
tour selon des formes et pour des fins diverses. La
pensée passe par l'état théologique, l'état métaphysique, l'état positif; l'action est nécessairement
conquérante, défensive et industrielle. A ces diverses époques de l'histoire, ce ne sont pas les
mêmes hommes qui sont en situation d'exercer la
direction spirituelle ou temporelle. Dans l'état
théologique de la pensée, le pouvoir spirituel
appartenait aux prêtres ; dans l'état métaphysique,
aux philosophes, incapables d'ailleurs d'autre chose
que de conduire les esprits à l'assaut du passé ;
dans l'état positif, il doit appartenir aux savants.
De même, aux époques de civilisation conquérante,

le pouvoir temporel appartenait aux chefs militaires; à l'époque incertaine et confuse de l'activité défensive ou organisatrice, il tendait à passer aux mains des légistes ; depuis la Renaissance, à mesure que l'industrie devient le but de plus en plus exclusif de l'activité sociale, le pouvoir tend à passer spontanément aux chefs d'industrie, à la bourgeoisie riche et ingénieuse. Voilà l'enseignement de l'histoire, qui nous montre à la fois ce qui se prépare spontanément depuis déjà plusieurs siècles et ce qui peut et doit être organisé systématiquement, étant dans l'esprit de notre temps, répondant à notre situation historique.

Ce que la réflexion peut ajouter à cet enseignement de l'histoire, c'est la détermination plus précise des organes de ce pouvoir nouveau, qui doit être scientifique et industriel. Car il y a savants et savants, comme il y a industriels et industriels. Or, ce que suppose toute direction, c'est une certaine ampleur de vues. Celui-là sera donc, dans l'ordre temporel ou spirituel, plus apte à exercer une autorité efficace qui, par sa fonction propre, aura à s'occuper d'objets plus étendus, de considérations plus générales. Il y a donc, dans chaque ordre, une hiérarchie des pouvoirs, ou taxonomie sociale, une classification des fonctions sociales, déterminant l'aptitude ou le droit à l'autorité. Nous trouvons ici quelque chose d'assez semblable à la classification des sciences. — Dans l'ordre matériel, celui qui a les vues les plus amples, c'est celui dont l'activité est plus abstraite et porte sur des signes et non sur des choses. Tel sera donc l'ordre : au plus bas degré, les agriculteurs (non

les ouvriers, inhabiles à toute autorité, mais les
directeurs d'exploitations agricoles), puis les manu-
facturiers, les commerçants et les banquiers. Dans
l'ordre spirituel, celui qui a les vues les plus amples,
c'est celui qui prend pour objets de ses études
les phénomènes les plus complexes, ceux qui
enveloppent tous les autres, les phénomènes
sociaux. Tel sera donc l'ordre : poètes, artistes,
savants, philosophes, c'est-à-dire, dans le système
de Comte, sociologues. Banquiers et philosophes.
tels doivent être les chefs de la société moderne.
Expliquer les attributions et les fonctions des uns
et des autres, c'est passer de la considération des
principes à l'exposition du régime.

2° **Le régime politique et social.** — On
aurait de ce régime une idée suffisante, si, faisant
abstraction des détails, tantôt ingénieux et plus
souvent bizarres, on se rendait compte du mode de
désignation des chefs et de l'étendue de leur
autorité, ce qui permettrait de caractériser avec
quelque précision l'institution sociale rêvée par
Comte : on pourrait décider alors si elle serait,
comme il le pense lui-même, un régime de vraie
liberté ou l'organisation d'une insupportable
tyrannie.

En ce qui concerne le mode de désignation des
chefs, la règle est la même dans l'ordre temporel
et dans l'ordre spirituel, et elle résulte des principes
fondamentaux de la doctrine. C'est par cooptation
que se recruteront les directeurs spirituels ou
temporels de la société. Chaque chef désignera
lui-même son successeur. Cela suppose que le
régime naissant est déjà institué et que les chefs en

possession du pouvoir possèdent la compétence intellectuelle et le sérieux moral nécessaires. La seule difficulté sera dans la première institution. Mais Comte s'offre à la résoudre en se chargeant lui-même, puisqu'il est parvenu le premier à l'état de pleine positivité, de désigner les chefs du nouveau régime. Supposons donc le régime normal institué ; voici comment apparaît la société positive.

Au point de vue temporel, chaque république, d'étendue médiocre, pour que les chefs en puissent embrasser réellement tous les intérêts, serait constituée par l'association de deux classes d'hommes, les riches et les pauvres, ou les patriciens et les prolétaires. Ceux-ci, ne possédant en propre que leur habitation, seraient employés par les patriciens aux divers travaux de l'agriculture ou de l'industrie. Ils seraient exactement ce qu'ils sont aujourd'hui, sauf qu'ils seraient dénués de tous droits politiques et plus entièrement dépendants, sous les réserves à intervenir, au point de vue économique. Les patriciens, peu nombreux et puissants par leurs richesses, — car le mouvement de concentration économique, qui est un des traits distinctifs de la civilisation moderne, tend à supprimer les petits capitalistes, — entreprendraient sous leur responsabilité les œuvres utiles à la prospérité matérielle de la société. Désignés au choix de leurs prédécesseurs, non par la parenté, mais par leur valeur personnelle, morale autant qu'intellectuelle, ils considéreraient leurs offices, quels qu'ils fussent, commerce, agriculture, industrie, comme des services publics, et ils tien-

draient à les coordonner les uns aux autres selon
les exigences de l'intérêt commun. Le progrès du
sentiment social et les lumières apportées par les
travaux des philosophes sur les conditions de la
prospérité matérielle des nations et de la conquête
de la nature par l'homme susciteraient spontanément une exploitation systématique et coordonnée
des richesses naturelles par l'ensemble des chefs
d'industrie, assistés de leurs coopérateurs ouvriers.
Ainsi s'établirait quelque chose d'analogue à ce que
rêvent les socialistes, avec cette différence que
l'unité de l'action économique se réaliserait d'elle-
même à chaque instant sous l'influence tout intérieure de la science et de la vertu, c'est-à-dire
d'une manière libre, mobile et souple. Ne dépen-
dant que de leur conscience dans la sphère de leur
activité économique, les chefs d'industrie seraient,
comme leurs ouvriers, soumis dans l'ordre politique
à trois d'entre eux, — des banquiers, — qui
géreraient les intérêts communs de la république,
— la distinction restant d'ailleurs quelque peu
flottante de ce qui est public ou privé, en un
système où l'agriculture, le commerce ou la banque
sont considérés comme des fonctions sociales. Le
trait essentiel et sur lequel on ne saurait trop
insister, c'est que la conscience, le sens vif du
devoir social, est appelée à chaque instant à
suppléer au gouvernement par la force. La régénération des cœurs engendrerait et soutiendrait
d'elle-même le système nouveau. C'est dire que
la fonction essentielle de la vie sociale, ce serait la
direction morale, et que le pouvoir vraiment premier, c'est le pouvoir spirituel.

Ce pouvoir serait exercé par les philosophes
organisés en sacerdoce. Il y aurait là encore toute
une hiérarchie d'aspirants, de vicaires, de prêtres,
et de grands prêtres dont la fonction complexe
embrasserait la science, l'enseignement, le culte
religieux et la prédication morale. Ils auraient à
conserver, à développer et à organiser les connaissances acquises, et ils constitueraient à ce point de
vue une sorte d'Institut ou d'Académie, termes que
d'ailleurs, pour des raisons personnelles, A. Comte
se refuse à employer. C'est surtout à titre de
savants ou de philosophes qu'ils seraient les
conseillers de la nation : ils élaboreraient les
principes que, sous leur responsabilité et en les
acceptant plus ou moins entièrement, les chefs
temporels appliqueraient à la variété des circonstances. Les prêtres seraient encore chargés
d'instruire, sans être soumis à aucun contrôle, les
générations nouvelles : aussi Comte a-t-il eu soin
de dresser tout un plan d'éducation. C'est encore
à eux que reviendrait naturellement le soin de
célébrer les fêtes et d'administrer les sacrements,
pour entretenir et exciter dans les âmes la bonne
volonté morale, l'altruisme, principe de la vie
sociale. Enfin ils veilleraient à ce que, dans sa vie
privée ou publique, chacun se comportât selon les
lois morales élaborées par le sacerdoce. Ils auraient
donc une censure à exercer sous forme d'aver-
tissement secret ou de réprimande publique, ou
même d'excommunication. C'est cette censure,
appuyée par l'opinion, dont le rôle doit être
essentiel dans la société régénérée, qui main-
tiendrait l'ordre moral, modérerait l'absolutisme

des chefs temporels et protégerait les pauvres.

C'est ce dernier trait qui donne au régime positif sa véritable couleur. Artificiel comme le culte, intéressant seulement par des détails, il n'y a pas à examiner s'il est possible ou souhaitable. Il ne vaut que comme expression d'un idéal social, réalisable peut-être par d'autres moyens, s'il était jugé bon. Or cet idéal est équivoque : on peut le définir de deux façons contradictoires, — en s'appuyant chaque fois sur des textes précis. — Selon le plus grand nombre des commentateurs, l'organisation rêvée par Comte constituerait un régime d'insupportable tyrannie. On n'en peut douter quand on entre dans le détail de ses prescriptions. Il prétend tout fixer, jusqu'aux salaires des diverses catégories d'ouvriers, jusqu'au nombre de pièces de chaque genre d'habitation, et jusqu'au nombre d'enfants que doit avoir, sans le dépasser, chaque ménage. Surtout le régime intellectuel, — la science asservie à une pratique de plus en plus étroite, les livres d'autrefois condamnés à l'oubli, les travaux de l'esprit monopolisés par le sacerdoce, les journaux supprimés, etc., — tout cela donne l'impression d'une république du Paraguay et ne paraît pas plus souhaitable. — D'un autre côté, les textes ne sont pas rares où Comte revendique l'indépendance de l'individu, où il s'élève contre l'emploi de la force, où il déclare qu'on doit se proposer pour idéal de substituer la domination des hommes sur les choses à la domination de l'homme sur l'homme. Le grand avantage, à son sens, de la suppression du dogme de la souveraineté du peuple, c'est qu'elle permet la vraie liberté.

Que les individus reçoivent leur loi du peuple ou
d'un roi, c'est tout un : ils subissent un joug. Mais,
s'ils sont soumis simplement aux lois de la nature,
physique ou sociale, révélées par les savants, ils
ne sont plus sujets d'aucun homme. Le philosophe
qui prescrit ce qu'exigent la raison et la science
n'est pas plus un tyran que le médecin qui ordonne
la diète ou de difficiles remèdes. Au surplus,
chacun ne se soumet que dans la mesure où il
reconnait la compétence du médecin ou du prêtre.
Seulement, dans la société régénérée, les citoyens
ne douteront pas plus de l'autorité de celui-ci
qu'ils ne doutent aujourd'hui de la science de
celui-là. Ce qui dispense de la force et écarte tout
soupçon de tyrannie, c'est la foi supposée profonde
et générale. Et voici une autre face du système.
Il est tyrannique *moralement*, en ce qu'il n'admet
pas que l'individu soit maître, sans avoir de
comptes à rendre, d'organiser sa vie à son gré :
la morale envahit tout et se mêle à tout. Il est
libéral *politiquement*, nul n'étant soumis qu'à sa
conscience, à laquelle ses chefs le renvoient. —
On pourrait donc hésiter à qualifier le système
définitivement, si la censure sacerdotale, pouvant
aller jusqu'à exclure un homme de la société de
ses semblables, ne venait nous montrer que le
principe régulateur du régime positif est une sorte
d'inquisition appropriée à la bénignité de nos
mœurs, moins horrible, mais non plus supportable
que l'ancienne.

CONCLUSION

On comprend mieux maintenant la différence à faire entre le positivisme et le comtisme. L'un est une méthode, une façon d'envisager et de traiter les objets du savoir. L'autre est un système et particulièrement un système de réorganisation intellectuelle et morale. Le positivisme traverse et anime le comtisme; mais, s'il y trouve à de certains égards une expression plus précise et plus cohérente de sa nature et de ses tendances, il s'y trouve aussi subordonné à des fins et à des préoccupations d'un autre ordre. En d'autres termes, le comtisme est une application plus ou moins correcte du positivisme à la question politique et sociale. Aussi déborde-t-il en tous sens les doctrines de Comte. Si donc on veut déterminer l'origine et l'action de ces doctrines, il faut bien les distinguer du positivisme, qui était avant elles et qui a pu agir, indépendamment du comtisme, sur les générations contemporaines de Comte. Il y aurait sur ce point bien des illusions à dissiper et des précisions à apporter : indiquons tout au moins l'essentiel.

I

L'ORIGINE DU COMTISME.

Pour déterminer avec quelque précision l'origine de la philosophie de Comte, il faudrait d'abord

l'analyser et notamment y distinguer la méthode
et le système. Car, par la méthode, le comtisme se
rattache, d'une manière d'ailleurs assez complexe,
au mouvement général de la pensée moderne,
tandis que les idées directrices du système ont
leur origine en des spéculations très spéciales ou
même extérieures en quelque façon à la tradition
scientifique ou philosophique.

1° **Les origines de la méthode positive.** —
Nous avons, au début de cette étude, défini le
positivisme comme esprit et comme méthode.
Deux traits nous ont paru le caractériser essentiellement, dont l'un est la tendance à limiter
toutes les recherches au contenu de l'expérience,
comme à ramener toutes les méthodes aux diverses formes de l'observation, tandis que l'autre
consiste en la prétention plus ou moins avouée de
faire rentrer dans le cadre des sciences et de soumettre à leurs méthodes les spéculations critiques
ou philosophiques. Ainsi défini, le positivisme ne
découle pas d'une source unique.

En un sens, il résulte assez naturellement du
progrès de la science, dont il exprime assez bien
les conditions et les nécessités extérieures et pro-
visoires. A mesure, en effet, qu'en ses investiga-
tions l'esprit humain s'attaque à des phénomènes
plus complexes, le rôle de l'interprétation rationnelle, des constructions hypothétiques, des
schèmes représentatifs et des déductions, s'y
trouve subordonné à des observations prépara-
toires plus longues et plus minutieuses. La méthode, en d'autres termes, se fait, au moins à titre
provisoire, d'autant plus expérimentale que l'objet

de la science est plus compliqué. De là, — l'esprit scientifique se définissant assez naturellement par les conditions de son œuvre actuelle, — cette conviction que l'empirisme est la vraie méthode; d'où, par contre-coup, cet autre préjugé que seules les données de l'expérience peuvent être objet de science. A mesure, en un mot, que la tâche scientifique devient plus difficile, l'influence de Bacon tend à prendre le pas sur celle de Descartes. Peut-être, d'ailleurs, les choses sont-elles changées aujourd'hui; mais, du XVIIᵉ au XIXᵉ siècle, c'est bien dans le sens du préjugé empirique que s'est fait le progrès intellectuel. Aujourd'hui, les sciences capitales étant fondées, les difficultés préliminaires étant surmontées, l'esprit cartésien reprend le dessus. Il reste que le positivisme se présente comme l'affirmation exclusive et intolérante de l'esprit de Bacon, et qu'il exprime bien, en cela, les dispositions générales du XVIIIᵉ siècle finissant.

Quant à la prétention de réduire à des questions de fait et de traiter selon les procédés de la science expérimentale même les problèmes philosophiques, notamment ceux qui portent sur les croyances et les règles morales, on peut bien y voir un excès et comme une infatuation de l'empirisme scientifique; mais la vraie source en est ailleurs et se trouve dans une certaine façon, propre au XVIIIᵉ et au XIXᵉ siècles, de considérer l'homme et la vie morale. Cette idée, caractéristique du positivisme, que les théories, les institutions, les règles morales sont des faits naturels et non des inventions arbitraires, qu'elles dépendent de causes extérieures, que le développement en est soumis à des lois et qu'il ne

s'agit pas dès lors de savoir ce qu'elles doivent
être, mais pourquoi elles sont telles effectivement,
— idée qui tend à faire rentrer les spéculations
critiques et normatives dans la série des sciences
et à substituer l'histoire et la sociologie à la philosophie, — c'est dans Montesquieu et Condorcet,
c'est dans les écrits de Herder et dans les travaux
de l'historisme allemand qu'on la voit apparaître
et s'affirmer sans qu'on puisse dire qu'elle résulte
directement du développement de l'esprit scientifique.

De sorte que, en tant que A. Comte présente la
méthode positive comme le seul procédé de connaissance et qu'il essaie, d'après elle, de construire
la science de l'homme moral et social et de trouver
dans cette science toute une philosophie, il se
montre à la fois l'héritier de la grande tradition
scientifique qui va de Bacon ou de Galilée à Lavoisier et des spéculations d'ordre historique et
social inaugurées par Montesquieu et Herder.
L'une et l'autre, d'ailleurs, tradition scientifique et
rénovation des études historiques, sont nées et se
sont développées dans une atmosphère de plus en
plus dense de scepticisme ou de timidité spéculative, et c'est tout cela qui se retrouve dans les conceptions de Comte sur l'objet, la méthode et la
portée de l'œuvre scientifique. C'est tout cela qui
est systématisé et précisé dans le *Cours de philosophie positive*. Mais nous avons vu que, ce qu'il
reçoit ainsi de son temps, Comte l'altère de plus
en plus à mesure que son œuvre se développe.
Dans les écrits de Comte, l'esprit positif se trouve
à la fois porté à son comble et faussé.

2° **L'origine du système**. — Si maintenant on considère le système soi-disant original de Comte et les idées dont il se compose, on y devra reconnaître un simple développement du Saint-Simonisme. Toute sa vie, Comte a repris et remanié, dans des intentions quelque peu différentes, les mêmes idées essentielles. Elles sont presque toutes déjà, dans ses premiers écrits, inspirées de Saint-Simon et particulièrement dans le Plan des travaux... que son maître acceptait comme l'expression fidèle, bien que partielle, de ses propres vues. Sans doute A. Comte s'est séparé de Saint-Simon, ou même il l'a renié. Sans doute il affirme contre lui que, dans l'organisation sociale, la prééminence doit appartenir aux savants, « à la capacité aristotélique », et non, comme le voulait son maître, à la capacité industrielle. De même il réprouve la *couleur théologique* dont se paraient alors les écrits de Saint-Simon et qui lui semblait une survivance d'un esprit désormais déchu. Mais ces différences, au premier abord très importantes, s'évanouissent à la moindre réflexion.

Remarquons d'abord qu'en affirmant l'urgence de la réorganisation scientifique et en réclamant pour les savants le premier rôle dans l'œuvre politique, Comte ne faisait que revenir à une phase antérieure du Saint-Simonisme, le *Physicisme*, institué sous l'invocation de Newton. S'inspirant des idées du Dr Burdin, qui développait lui-même quelques vues de Turgot, Saint-Simon admettait, en ce temps-là, que les sciences se constituent l'une après l'autre dans l'ordre de la complexité de leurs objets, que le temps est venu de fon-

der une physique sociale, qu'une morale et une
politique scientifiques en naîtront spontanément et
qu'enfin une synthèse des résultats du savoir sera
possible qui pourra guider les hommes dans l'exploitation de la terre : toutes espérances dont il
faut confier la réalisation à un corps de savants
destinés à remplacer les prêtres. D'autre part,
A. Comte devait plus tard en venir lui-même,
comme Saint-Simon, à fonder une religion et à la
fonder sur un principe analogue. Fraternité ou
altruisme, avec ou sans la conception d'une humanité érigée en providence, il n'y a pas grande
différence. — De sorte qu'en somme A. Comte
n'a guère fait que revivre, en ses diverses phases,
la vie intellectuelle et morale de Saint-Simon. Il s'est
séparé de son maître en 1825, pour reprendre les
choses où son maître lui-même avait commencé
vingt ans plus tôt, et il a fini plus tard comme son
maître finissait alors, dans la religiosité. Le germe
saint-simonien s'est développé en lui avec toutes
ses phases. Auprès de cette influence capitale, les
autres sont bien secondaires, et il n'y a pas lieu de
rechercher ici quelles inspirations de détail il doit
à Montesquieu, à Condorcet, à de Maistre, etc...

Qu'apporte-t-il donc de nouveau et en quoi consiste son originalité? D'abord en ce qu'il met au
service des intentions de Saint-Simon une intelligence nourrie d'un savoir vaste et bien classé,
exercée à la méthode scientifique et toute pénétrée
de l'esprit moderne. Surtout ce qu'il met de lui
dans son œuvre, ce sont, avec quantité d'idées de
détail ingénieuses et suggestives, qu'une analyse
rapide est obligée d'écarter, les dispositions de

son caractère. Par là, la forme de son œuvre lui
appartient en propre. Esprit médiocrement in-
ventif, dénué de finesse et de sens critique, inca-
pable de juger et de corriger ses premières vues,
il a vécu sur le fonds que lui ont légué ses maîtres.
Mais il a su voir la portée et l'ordre de leurs idées,
et il les a systématisées et développées avec toute
l'ampleur qu'elles comportaient : il a fait un système, une œuvre cohérente, de ce qui n'était chez
eux que vues éparses et mobiles. Caractère sérieux
et de plus en plus passionné de moralité, il a
tourné toutes ses vues théoriques vers la réforme
des cœurs et des mœurs ; il s'est efforcé d'en faire
un instrument de correction, de régénération intérieure, et cette intention est encore ce qu'il y a de
plus personnel en son œuvre.

II

L'ACTION DE LA PHILOSOPHIE DE COMTE.

Rien n'est si diversement jugé que l'action de
l'œuvre de Comte sur la philosophie de notre
temps. Il arrive qu'on rattache à A. Comte tout un
mouvement d'idées qui découle, non de son système, mais de cet esprit plus général dont il s'est
inspiré lui-même et dont il a pu contribuer, — dans
une mesure à déterminer, — à accroître la force
ou à étendre le rayon d'action, mais qui se fût
enfin développé sans lui et n'eût pas manqué, ou
plus tôt ou plus tard, de porter les mêmes fruits.

Quant à ce qu'il y a de véritablement comtiste ou
saint-simonien dans son œuvre, il est bien malaisé
de lui attribuer quelque efficacité philosophique.
Il suffira, pour s'en convaincre, de quelques remarques sur les philosophes ou les doctrines qui
semblent se rattacher à son système et que l'on
cite sans cesse pour démontrer l'action vaste et
croissante de la philosophie de Comte.

1° **Les positivistes orthodoxes.** — Il est
naturel de parler d'abord des positivistes de la
stricte observance, c'est-à-dire des philosophes, si
le mot n'est pas ici trop impropre, qui acceptent
dans sa totalité l'œuvre du maître, science et religion, pratiquent le culte, sont soumis à l'un d'entre
eux comme à un grand prêtre, tiennent avec
Comte lui-même que les temps sont révolus, que la
tâche intellectuelle de l'humanité est achevée, que
toutes les grandes vérités sont contenues dans les
écrits de leur fondateur et qu'il n'y a plus qu'à les
développer et surtout à les communiquer au monde,
afin d'en provoquer l'application à l'ordre social.

Toutefois, parmi ces disciples fidèles, il faudrait
distinguer des sectes dont chacune a son organisation, son mode d'action et même sa façon d'entendre les préceptes de Comte et de s'y attacher.
— Le groupe français, dont le chef, pendant plus de
trente ans, a été Pierre Laffitte, est, en somme, le
plus libéral. Il se permet d'élaguer, par crainte
du ridicule, certaines utopies ou de rejeter certaines
des pratiques recommandées par Comte. Il est vrai
que plus d'un positiviste français tient Laffitte pour
un hérétique. — Le groupe anglais, dont les chefs
ont été successivement Richard Congreve et

Fr. Harrison, a donné, surtout au début, plus d'importance à l'organisation et à la pratique du culte qu'au développement de la doctrine. — Le groupe suédois, dont le chef, on pourrait dire le « leader », est Nyström, se fait particulièrement remarquer par son activité politique ; c'est, en Suède, un des principaux organes de la politique radicale et de l'esprit laïque et républicain. — Mais, à ce point de vue, il faut faire une place à part au groupe brésilien, qui a joué, par l'intermédiaire de son premier et plus remarquable organisateur, Benjamin Constant, un si grand rôle dans la révolution brésilienne et a fait adopter par le Congrès, comme devise nationale, la formule du positivisme : ordre et progrès. En outre, ce groupe, comme le groupe chilien, sous l'influence des chefs actuels, Miguel Lemos (Brésil) et Jorge Lagarrigue (Chili), se distingue par un aveugle attachement à la lettre du comtisme. « Comme saint Paul, écrit Miguel Lemos, nous préférons être tenus pour insensés, en suivant les leçons de notre Maître, qu'être reconnus pour sages par la frivolité contemporaine. »

Il ne faut donc pas s'étonner que la foi et l'activité de ces dociles disciples aient été philosophiquement stériles. Ils n'ont contribué au progrès d'aucune science spéciale ; ils n'ont élaboré aucune idée philosophique nouvelle. Leur action, là où elle s'exerce, est toute morale et politique : leur religion offre un asile aux âmes à demi émancipées qui n'ont plus la foi, mais qui ne savent pas s'affranchir tout à fait des vieilles habitudes cultuelles ; leur système offre une morale toute faite et très simpl aux esprits sans grande culture qui ne peuvent être philosophes qu'à peu de frais. Plus particulièrement, en France, le positivisme semble répondre aux besoins d'un certain parti politique qui trouve à la métaphysique je ne sais quel arrière-goût de spiritualisme plus ou moins clérical. Ne pouvant cependant se passer d'une doctrine, ce parti se trouve heureux de rencontrer dans le positivisme, qui fait profession de mépriser toute spéculation transcendante, quelques dogmes de morale sociale, — l'affirmation, par exemple, de la solidarité, — dont le caractère purement laïque lui soit absolument garanti.

2° **Les positivistes dissidents.** — L'influence de Comte nous paraîtra-t-elle plus féconde si nous considérons maintenant les positivistes dissidents ? On peut désigner de ce nom les philosophes qui se donnent eux-mêmes pour les disciples ou les admirateurs de Comte, encore qu'ils se refusent à accepter toutes ses idées. Le plus souvent, ils déclarent adopter sa philosophie ; mais ils refusent sa religion, comme si ce n'était pas une seule et même chose. A cet ordre de positivistes appartiennent, en France, Littré, en Angleterre, Stuart Mill et Lewes. On leur joint souvent Spencer, bien qu'il se défende à bon droit d'avoir subi l'action de Comte. Mais ce sont là de bien singuliers disciples. Stuart Mill fait le plus grand cas de A. Comte, dont il admire surtout la sociologie ; seulement il fait pour sa part profession de logicien et de psychologue, alors que A. Comte ne voit en ces études que de fausses sciences. Il admire Comte, mais il n'accepte en somme aucune de ses idées : tout au plus lui arrive-t-il de se rencontrer avec lui sur certaines thèses banales, en tant qu'ils sont l'un et l'autre des empiristes. Autant en pourrait-on dire de Lewes. Il peut être dit positiviste en ce sens qu'il ne croit pas que l'on puisse rien atteindre de ce qui dépasse l'expérience; d'ailleurs, ses travaux personnels de physiologiste, de psychologue ou d'historien ne doivent rien à Comte. Quant à Littré, il accepte, dit-il, le contenu du *Cours de philosophie positive*, mais il en réduit l'enseignement à la classification des sciences, n'admettant même pas la loi des trois états, qui est le <u>nerf</u> du comtisme. Il est vrai que, tout au contraire de Mill ou de Lewes, il ne professe rien en dehors de cette thèse assez peu significative : de sorte que, si le comtisme s'est prolongé dans les écrits de Littré, ce n'était en somme que pour y mourir. En définitive, ce sont là des disciples bien platoniques, qui admirent, mais ne pratiquent pas : et de ce côté encore le comtisme nous semble avoir été inefficace.

3° **L'action diffuse du comtisme.** — On dit souvent que l'influence de Comte s'est exercée surtout d'une manière diffuse. On entend par là que, si son système ne s'est imposé qu'à bien peu d'esprits, plus d'une de ses idées aurait du moins fait fortune et serait tombée dans le domaine commun. Ces idées ainsi émancipées du comtisme et voyageant, en quelque façon, à travers le monde auraient suscité des recherches, suggéré des hypothèses, provoqué des habitudes d'esprit, où un œil exercé pourrait reconnaître les caractères de la pensée de Comte. — C'est ainsi que le P. Grüber, dans son étude, d'ailleurs si documentée, sur *le*

Positivisme depuis Comte jusqu'à nos jours, énu-
mère pêle-mêle tous les travaux où sont traitées
scientifiquement quelques-unes des questions
réservées jusqu'ici à la spéculation philosophique,
et les considère tous comme inspirés par des voies
diverses de la philosophie de Comte. Mais il y a
abus évidemment à considérer comme des fruits
du positivisme les idées transformistes de Darwin
et de Romanes, ou à nommer comme disciples
de Comte, à quelque titre que ce soit, des philosophes comme Wundt ou Avenarius. — M. Lévy-
Bruhl se montre plus modéré dans son estimation
si favorable de l'action du positivisme comtiste.
Il croit pourtant pouvoir y rattacher les œuvres si
importantes de Renan et de Taine. Mais, pour
avoir considéré l'histoire comme la science sacrée
de l'humanité et pour avoir attendu de la science
seule les principes de la vie morale, il n'était pas
nécessaire que Renan, à qui les écrits de Comte
étaient insupportables, eût été pénétré de ses idées.
C'est à l'historisme allemand qu'il se rattache et, pour
le reste, il est de son temps, tout simplement.
Taine, nourri de Condillac et des Idéologues, n'avait
pas davantage besoin de Comte, dont on ne peut
affirmer qu'il ait lu les écrits, pour substituer à la
métaphysique de l'histoire qu'il admirait, en artiste,
dans les ouvrages de Hegel, une exposition de
l'histoire plus digne du nom de science. On peut
accorder à Comte, si l'on veut, le mérite d'avoir
ajouté, dans la mesure où ses livres ont été lus, à
la force de l'esprit positif. Que d'ailleurs il ait pu
suggérer çà et là des idées de détail ou même qu'il
ait provoqué à distance d'intéressants travaux de

sociologie qui vont s'écartant de plus en plus de ses propres vues, c'est encore ce que l'on peut ou ce que l'on doit reconnaître. Mais enfin le comtisme n'est qu'un épisode, parmi beaucoup d'autres, du développement de l'esprit positif, et on pourrait l'en supposer retranché, sans que la physionomie du siècle s'en trouvât sensiblement modifiée.

Ce serait maintenant une question de savoir à quoi tient cette insuffisance d'une doctrine dont le fondateur peut être tenu cependant pour un esprit des plus remarquables. Il y en a sans doute bien des raisons dont on trouverait les principales, soit dans ce défaut si prononcé d'esprit critique qui l'a empêché d'éclaircir jamais aucune des notions essentielles de la spéculation et l'a condamné irrémédiablement au vague et à l'équivoque, — ou encore dans l'isolement orgueilleux où il s'est complu, se séparant de son siècle et lui devenant de plus en plus étranger, comme il l'était déjà, faute d'une culture spéciale approfondie, à la tradition philosophique; car, s'il ne connaît Kant que de nom, de Descartes il ne connaît non plus que la *Géométrie*. C'est parce que son œuvre s'est trouvée ainsi en dehors de la tradition et comme *excentrique*, qu'elle n'y est non plus intervenue qu'indirectement et sans grand effet.

Elle reste d'ailleurs fort intéressante en son inefficacité. Sans doute, il n'y a guère d'autre bénéfice à attendre de la lecture de Comte que cette excitation générale de la pensée qui se produit naturellement au contact et dans la familiarité de tout esprit vigoureux. Il n'en est pas moins vrai que son œuvre exerce un attrait puissant sur quelques-uns des meilleurs esprits de notre temps. Les uns y cherchent, en historiens, un témoignage de ce besoin de réorganisation morale et sociale qui fut un des traits caractéristiques des premières générations du XIXᵉ siècle. D'autres s'intéressent, en philosophes, aux efforts et aux balbutiements de cette métaphysique qui se fait jour, malgré qu'il en ait, dans les écrits de Comte. D'autres encore, à titre de savants, sont reconnaissants à cette œuvre d'avoir été un premier essai, si imparfait fût-il, de fonder sur la science seule une doctrine de la vie. Quelques-uns enfin, plus curieux des hommes que des idées, voient, dans le développement des conceptions de Comte, un curieux problème de psychologie intellectuelle. Par là s'explique un regain d'actualité dont on est tenté à tort d'attribuer le mérite à la valeur intrinsèque de sa philosophie. Mais, à vrai dire, l'œuvre de ce génie incomplet a cessé d'intéresser même la critique : elle n'appartient plus désormais qu'à l'histoire.

TABLE DES RÉFÉRENCES

Nous indiquons seulement dans cette table les passages où sont exposées, avec quelques développements, les principales thèses qui constituent la philosophie explicite de Comte. Il ne pouvait être question de justifier, dans une table récapitulative de références, l'interprétation que nous avons cru pouvoir donner de quelques-unes de ses théories. Il y faudrait trop de textes, généralement très courts, disséminés un peu partout, et dont au surplus la portée ne pourrait être bien fixée que par un commentaire critique.

Abréviations : O., désigne les Opuscules de philosophie politique; C., le Cours de philosophie positive (édition Littré); D., le Discours sur l'ensemble du positivisme; S, le Système de politique positive (1re édition).

I. Sur la philosophie positive en général. — L'intention de l'œuvre : O., Plan des travaux, etc.; Les services de la philosophie positive : C., I, 1re leçon; Sa destination et sa fonction intellectuelle et morale : D., particulièrement 1re et 2e parties.

II. Théorie de l'esprit positif et de la science. — Considérations générales sur la science : C., VI, 58e et 59e leçons; De l'esprit positif : C., VI, 598-612 (58e leçon); Discours sur l'esprit positif, p. 18-23, 63-75; La science, ses caractères et conditions : C., VI, 613-655; Les principes directeurs de la science : S., IV, 173-180; La classification des sciences : C., I, 2e leçon; S., IV, 181-245.

III. La Sociologie. — Objet et méthode de la sociologie : C., IV, 48e leçon; Les conditions fondamentales

de la vie sociale : sociabilité et progrès : C., IV, 392-396 ;
C., IV, 442-462 ; La loi des trois états : C., I, 1re leçon ;
C., IV, 51e leçon.

IV. La Morale. — Indications générales : C., VI, 735-
745 (60e leçon) ; La morale individuelle : D., 97 ; L'organisation de la famille : S., II, ch. III ; Le droit : D., 361 ;
Le régime économique : S., IV, 320-328, ch. IV.

V. La Religion. — Nature et conditions de la religion :
S., II, 7-59, ch. 1er ; La théorie de l'Humanité et du Grand
Être : S., II, 59, etc., ch. 1er ; S., IV, ch. 1er ; La vie subjective et l'immortalité : S., IV, ch. 1er, 102, etc. ; Le
culte de l'Humanité : S , IV, ch. II.

VI. L'Organisation sociale. — Théorie statique des
pouvoirs : O., Appréciation sommaire du passé moderne ;
O., Considérations sur le pouvoir spirituel ; La forme
future des deux pouvoirs : O., Appréciation sommaire,
C., VI, 56e et 57e leçons ; Le régime positif : S., II, ch. VI ;
S., IV, ch. IV.

MÉMENTO BIBLIOGRAPHIQUE

I

Ouvrages de Comte.

Six opuscules politiques, publiés ou écrits, de 1819 à 1828, — réimprimés en 1854, comme appendice au *Système de politique* (vol. IV), — republiés à part sous ce titre : *Opuscules de philosophie sociale*. Paris, Leroux, 1883.

Cours de philosophie positive. 6 vol. in-8, 1re édition, 1830-1842; 2e édition, avec préface de Littré, 1864.

Discours sur l'esprit positif, in-8, 1844.

Discours sur l'ensemble du positivisme, in-8, 1848; — réimprimé dans le premier volume du *Système de politique*.

Système de politique positive, 4 vol. in-8, 1re édition, 1851-1854; 3e édition, 1890-95.

Catéchisme positiviste, 1852, in-8.

Synthèse subjective ou *Système universel des conceptions propres à l'état normal de l'humanité :*

Tome I contenant le *Système de logique positive* ou *Traité de philosophie mathématique*. Paris, in-8, 1856.

II

Documents. — Études biographiques et critiques.

Testament de A. Comte, avec les documents qui s'y rapportent. 2e édition, Paris, 1896.

Dr Robinet, *Notice sur la vie et l'œuvre de A. Comte*. 1re édition, 1860; 3e édition, 1891.

Littré, *A. Comte et la philosophie positive*. 1re édition, 1863; 2e édition, 1864.

Stuart Mill, *A. Comte et le positivisme*, 1866, traduction française. Alcan, 1868.

R.-P. GRÖBER, s. J., *A. Comte, sa vie, sa doctrine*, traduction française, in-12, Paris, Lethielleux, 1892.

— *Le Positivisme depuis A. Comte*, traduction française. Paris, Lethielleux, 1893.

LÉVY-BRUHL, *La Philosophie de A. Comte*, in-8. Paris, Alcan.

DE ROBERTY, *Comte et Spencer*, in-12, Alcan.

MILHAUD, *Le Positivisme et les progrès de l'esprit*, in-12. Alcan.

DUMAS, *L'État mental de A. Comte* (*Revue philosophique*, janv., févr., avril 1898).

BELOT, *La Philosophie scientifique chez A. Comte* (*Bibliothèque du Congrès de philosophie de 1900, t. IV*).

— *La Morale de Comte* (*Revue philosophique*, déc. 1903).

TABLE DES MATIÈRES

471-01. Corbeil. Imprimerie Éd. Crété.

LES

Grands Éducateurs

Chaque volume in-18 raisin, broché........ » **90**

VIENNENT DE PARAITRE :

J.-J. Rousseau *et l'éducation de la nature*, par GABRIEL
COMPAYRÉ, correspondant de l'Institut, recteur de l'Académie
de Lyon. 1 volume.

Herbert Spencer *et l'éducation scientifique*, par GABRIEL
COMPAYRÉ. 1 volume.

Pestalozzi *et l'éducation élémentaire*, par GABRIEL COMPAYRÉ.
1 volume.

Jean Macé *et l'instruction obligatoire*, par GABRIEL
COMPAYRÉ. 1 volume.

Condorcet *et l'éducation démocratique*, par FRANCISQUE
VIAL, professeur au lycée Lakanal et à l'école normale supérieure d'enseignement primaire, docteur ès lettres. 1 volume.

Herbart *et l'éducation par l'instruction*, par GABRIEL
COMPAYRÉ. 1 volume.

Pécaut *et l'éducation de la conscience*, par GABRIEL COMPAYRÉ.
1 volume.

En publiant cette série de monographies consacrées aux " Grands Éducateurs "
de tous les temps et de toutes les nations, le but que nous poursuivons est
multiple.

Il s'agit d'abord de faire revivre dans leur physionomie morale, dans leur
pensée et dans leur action, dans leurs théories comme dans leurs méthodes, tous
ceux qui, avec quelque éclat, ont contribué à réformer, à faire avancer l'instruction et l'éducation de l'humanité, et qui méritent de prendre place dans le
livre d'or de l'histoire de la pédagogie.

Mais après avoir mis en relief chacune de ces figures héroïques, il s'agit aussi
de rattacher à leur individualité propre les tendances générales de l'époque où
ont vécu ces réformateurs, les institutions scolaires de leurs pays et comme le
génie de leur race, afin de montrer dans une suite de tableaux les efforts, les
progrès des peuples civilisés.

Enfin, ce n'est pas seulement l'histoire que nous voudrions raconter. Notre
ambition est plus haute : elle consisterait à confronter avec les pensées d'autrefois les opinions d'aujourd'hui, les besoins et les aspirations de la pensée
moderne, et à préparer ainsi la solution des problèmes pédagogiques qui se
posent devant le vingtième siècle.

10491-03. — CORBEIL. Imprimerie ÉD. CRÉTÉ.